Mon cœur mis à nu

Laura Mahieu

Mon cœur mis à nu

Loi n°49-956 du 16 juillet 1949 sur les publications destinées à la jeunesse, modifiée par la loi n°2011-525 du 17 mai 2011.

Copyright © Laura Mahieu, 2021
Tous droits réservés
Couverture © : Alice Dozier

Édition : BoD – Books on Demand,
12/14 rond-point des Champs-Élysées, 75008 Paris
Impression : BoD - Books on Demand, Norderstedt, Allemagne

ISBN : 9782322387472

Dépôt légal : décembre 2021

*« Peut-être ai-je seulement besoin d'écrire.
Ecrire pour me délester d'un poids, me délester de toi,
Me délester du brouillard et de mes cauchemars,
Me délester de mes larmes et de mes drames. »*

Préface :

« L'écriture n'est qu'une drogue dissimulée derrière de belles tournures. »

Tant d'émotions ressenties, tant de lieux parcourus, tant de poids portés, tant de rires échangés. Voilà ce qui m'a poussé à écrire : l'envie de tout dire, sans retenue, sans exagération. Mais aussi et surtout l'envie de vider sur le papier ce que je ne parvenais pas à verbaliser.

J'ai commencé à aligner des mots, lorsque mon cœur se faisait trop lourd et que mon âme partait à la dérive. Je laissais mes doigts danser sur le clavier histoire que mon être embrasse le bonheur le temps d'un slow. Je m'enfermais dans ma bulle pour me connecter avec moi-même.

J'écrivais pour réinventer le monde, lorsque le mien me devenait trop hostile. J'additionnais les virgules pour mettre un point à mes idées noires. Je voulais écrire, écrire du matin au soir et du soir au matin. Écrire comme si mille écrivains sommeillaient en moi, comme si mille poètes me soufflaient leur inspiration débordante.

Il est vrai que j'ai toujours aimé nager, et les mots me permettent à leur façon de me noyer dans le rêve. J'écris mes peines de demain et mes sourires d'hier, ou bien mes peines d'hier et mes sourires de demain, je n'en sais trop rien.

C'est sûrement pour ça que je me suis lancée dans cette aventure folle : écrire mon histoire, celle qui m'a tranché le cœur plutôt cent fois qu'une mais surtout celle qui m'a élevée dix mètres au-dessus du sol.

Et même si parfois il m'est compliqué de ressasser le passé, de retourner en arrière pour décrire des émotions que j'aurais voulu oublier, je vais continuer. Je vais continuer dans l'espoir de banaliser la différence, de mettre en lumière le handicap qui trop souvent reste dans l'obscurité.

Il est parfois difficile de se comprendre mais c'est en écrivant le récit de ma courte existence que je me suis trouvée.

Je suis le tunnel et la lumière qui se trouve au bout,
Je suis le jour et la nuit,
Je suis les soupirs et les éclats de rire.
Je suis l'espoir et l'abandon,
Je suis le rêve et le cauchemar.
Je suis moi et mon opposé parfois.

Je te laisse donc nous découvrir mes pensées et moi, à travers ce journal pour le moins intime. Laisse-toi porter entre récits de vie et poésies. Laisse-toi guider entre espoir et détresse, entre rage et tendresse.

Chapitre 1 : Des pensées entremêlées

Ma vie n'est pas la plus belle ni la plus excitante, mais qu'importe. J'ai tant à écrire, tant de larmes à vider sur le papier, tant d'espoir à diffuser, de faits à relater, d'émotions à retranscrire.

Je suis une gamine bancale qui cherche une certaine stabilité sur le fil de sa vie, et crois-moi, plus d'une fois j'ai menacé de tomber dans le vide.
Je suis là pour te narrer mes chutes, mes sentiments en vrac, et la Vie, la vraie, celle que j'aime après l'avoir tant haïe, après avoir voulu la quitter, au premier virage, au premier naufrage.

Il fait beau ce matin. De nouveau, le soleil est présent, la pluie ne pénètre plus en mon cœur, noyant toute mon allégresse. J'ai connu les tempêtes, les ouragans, les tremblements de terre ; mais aujourd'hui enfin, la météo semble être un tant soit peu plus clémente avec ma personne.

A travers ce court récit, je veux te dire que handicap ne rimera jamais avec faiblesse, que maladie rime malgré tout avec vie. Je veux que tu ranges ta pitié dans le fond d'un tiroir, que tu abandonnes ton incompréhension sur la table de chevet, que tu poignardes tes préjugés. Je veux que tu comprennes que même privé de nos yeux, nous pouvons savourer les merveilles de la vie. Je veux que tu saches que sans jambe, il est possible d'escalader l'Everest ou même l'Himalaya.

Et pour cause, j'ai franchi ces sommets qui me semblaient insurmontables, après avoir maintes fois dévalé la pente. Pourtant, les médecins avaient prédit le pire pour moi. Tout le monde craignait pour mon avenir. Je suis la preuve vivante que l'impossible n'existe que dans nos têtes.

Venons-en au début, là où tout a commencé, là où tout a déraillé, pourrais-je dire.

Nous sommes le vingt octobre mille neuf cent quatre-vingt-dix-neuf, en pleine nuit. Je viens enfin au monde, après neuf mois à attendre dans l'obscurité. Ça aurait dû être la fête, un jour mémorable pour mes géniteurs. Mais non, le scénario vire au cauchemar. Je suis le boulet de canon qui fait valser les illusions de mes pauvres parents.

Je voudrais parler du handicap,
Mais surtout de ceux qui vivent malgré lui.
De ceux qui rasent les murs,
Craignant de nouvelles blessures.
De ceux qui sont parfois invisibles,
Et se perdent dans la foule.

Le handicap,
C'est une tâche d'encre qui ne part pas au lavage,
Une ombre dont on ne peut se défaire.
Le handicap,
C'est un poids qui fait courber le dos,
Une plaie qui ne cesse jamais de saigner.

Je suis de ceux qui oscillent entre la lumière et les ténèbres,
De ceux qui chavirent entre rires et larmes.
Je suis de ceux qui se battent contre le handicap,
Qui gagnent un jour,
Et qui finissent K.O le lendemain.

Je suis de ceux qui n'abandonnent jamais.

Chapitre 2 : Une naissance mortelle

Les médecins s'affolent dans les couloirs, alors que ma mère tente fièrement de ravaler ses larmes. Le verdict tombe, comme un couperet bien trop aiguisé : « *Votre fille ne marchera jamais.* » En une fraction de seconde, le semblant d'espoir qui restait à mes parents vient de voler en éclats. Pendant des mois, les médecins avaient affirmé que j'avais les pieds bots, qu'importe si cette malformation est loin d'être splendide. Ils tentaient vainement d'adoucir la difficulté de la situation, mentant effrontément à mes pauvres parents. Ils s'acharnaient, essayant tant bien que mal de réparer l'irréparable. Durant d'éternelles semaines, ils m'avaient obligé à porter des attelles aux jambes, puis des poids.
Après dix mois d'illusions, de mensonges, la situation commence à s'éclaircir ne serait-ce qu'un peu : « *Votre fille est atteinte d'agénésie tibiale. Il faut prendre une décision au plus vite.* » Des mots balancés comme ça, violemment, sans prendre de gants. Un homme un peu aigri par les années, qui se fiche bien de blesser mes parents déjà au plus bas.

Agénésie... un mot peu courant dans le monde des valides. Pourtant, ce mot allait résonner dans leur tête pour un bon moment.
Agénésie : absence de ; dans mon cas, absence de tibias. Des jambes sans tibia, c'est un peu comme un visage sans bouche, un arbre sans tronc, un ordinateur sans clavier, un arc-en-ciel sans couleur : ce n'est pas opérationnel, presque bon à jeter dans la première poubelle venue.

Mais une question persiste, comment choisir entre amputation et opérations qui peut-être n'aboutiront à rien ? Il aurait fallu me voir, un véritable massacre, une mauvaise blague. Des pieds ballants, des jambes dépourvues d'articulations. Un genre de pantin désarticulé, une marionnette usée alors qu'elle venait à peine d'être créée. Je n'ose imaginer les pensées qui traversent l'esprit de mes parents, comme si le ciel leur tombait sur la tête et que le sol se dérobait sous leurs pieds, ne leur laissant aucune chance d'en sortir indemnes.

Enchaînant les coups de téléphone dans l'espoir de trouver un soupçon de soutien, aucune solution ne leur semble un tant soit peu acceptable. Pourquoi eux ? Eux qui ont toujours suivi le bon chemin, sans faire d'excès, ne demandant rien à personne. Eux qui ont eu un fils sans encombre, un enfant normal, qui a appris à marcher comme un gamin digne de ce nom. Les voilà désormais plongés dans la différence, dans le handicap, celui qu'ils ne connaissent pas, celui dont ils ne se sont jamais préoccupés, parce que ce n'étaient pas à eux, c'était toujours aux autres à qui ça arrivait. Maintenant, que faire ? Faire demi-tour est impossible, il faut faire face, ne pas se laisser emporter par les flots alors qu'on a déjà la tête sous l'eau et le corps qui part à la dérive.

Les questions affluent, mais le temps est compté, il faut choisir, emprunter un chemin, dans le risque de faire fausse route et de s'en mordre les doigts jusqu'à la mort. Il faut se décider, se décider... A eux de se prononcer, alors que c'est de ma vie dont il s'agit. Leur cœur bat à tout rompre, même s'il est en lambeaux. Pourvu qu'il tienne le choc, rien qu'un peu. Après tout, cette situation finira bien par s'éclaircir un jour ou l'autre, chaque tunnel a son issue de secours, chaque ténèbres finit par retrouver son halo de lumière. Mais aujourd'hui, l'orage gronde et ne semble pas vouloir s'arrêter de sitôt. Aujourd'hui, l'espoir a pris ses jambes à son cou pour fuir on ne sait trop où, et la peur qu'il ne revienne jamais est omniprésente.

Après un jour semblable à une nuit glaciale, après des jours à ne pas fermer les paupières, après des discussions entrecoupées de sanglots, après avoir prévenu la famille qui tombait des nues ; il faut retrouver le médecin qui attend leur verdict pour pouvoir enfin passer à l'action et sauver ce qu'il y a à sauver.

« *Il faut amputer.* » Les voix de mes parents se sont fait entendre, leurs mots ont claqué dans l'air comme un coup de revolver qui assassine toutes leurs incertitudes. Il faut amputer, ont-ils dit, couper le mal à la racine, le jeter à la poubelle et avancer, avancer coûte que coûte, avancer en dépit des chutes à venir. Le médecin acquiesce et se met à l'œuvre, pour tenter de rattraper le tableau de ma vie, déjà bien trop sombre.

Tout s'accélère. Les coups de téléphone en urgence, comme si mes jours étaient comptés. Les allers-retours de mes parents dans la salle d'attente, se rongeant les ongles à sang. Quelques jours plus tard, jours d'angoisse, de cauchemars, de cris étouffés, de prières inavouées ; l'opération est possible. On m'a coupé les jambes, c'est assez clair dit comme ça, non ? On m'a ôté ce truc défectueux au bout de mon minuscule corps. On m'a privé d'un bout de moi dans l'espoir d'embellir ma vie. Beau paradoxe, je trouve !

Moi je ne suis qu'un nourrisson qui n'y comprends rien. Je me contente de pleurer, sans me douter le moins du monde qu'au fil des années, je devrais accepter un handicap qui me fera tomber plus d'une fois. Parce que comment voulez-vous apprendre à marcher convenablement, dans des conditions comme celles-ci ? Comment voulez-vous tenir debout sur vos jambes, si on vous en a privé ?

Voilà ma naissance chaotique, mon arrivée dans cet univers, un genre de fin du monde à petite échelle. Désormais, il va me falloir évoluer comme les autres, même si je ne serai jamais semblable à tous ceux qui m'entourent. Je ne serai jamais de ceux qui courent après leurs camarades dans la cour de récréation, qui jouent à la marelle avec facilité, qui apprennent à faire du vélo devant leurs parents émerveillés. Il va me falloir cultiver ma différence pour en faire une force. Mais moi, à moins d'un an, je ne suis pas très bonne jardinière.

Que l'on soit d'accord, mon défaut n'a pas été éradiqué, il a seulement été remplacé par un autre. Par conséquent, la sortie semble encore lointaine pour ceux qui acceptent de m'accompagner dans ce labyrinthe infernal.

Amputation,
moignons,
prothèses,
agénésie.

Triste vocabulaire,
Pour un bébé sans repère.

Triste scénario,
Pour une famille qui a vu mourir ses idéaux.

Triste avenir,
Pour des humains remplis de soupirs.

Le handicap,
C'est un ciel qui s'effondre,
Un tunnel sans issue,
Un choc innommable,
Un précipice qu'on aurait aimé esquiver.

Chapitre 3 : Des jambes toutes neuves

A un an, on m'offre un cadeau inattendu, on me présente un nouvel ami. Enfin, il n'est pas très bavard il faut l'avouer. Je ne suis pas des plus ravies mais après tout, j'ai besoin de ça pour avancer. Je finis par comprendre qu'on était destinés à faire un bout de chemin ensemble, alors je tente de l'accepter avec le sourire.

Pour faire court, le progrès m'a offert de nouvelles jambes toutes neuves. Aucune cicatrice, juste une barre de fer entourée de mousse. Je ne comprends pas bien, pourquoi ils m'ont enlevé les miennes quelques mois plus tôt, pour m'en donner des autres qui ne m'appartiennent pas, sans m'avoir demandé une quelconque autorisation ?

Jour après jour, j'essaye de dompter ce truc nouveau, ce machin spécial que je ne parviens pas à considérer comme mes propres jambes. Jamais elles ne m'écoutent, même s'il faut avouer que je leur parle très peu. Impossible de rester debout plus d'une demi-seconde, et encore, une demi-seconde, c'est mon record ! Et je pleure, je pleure. Déjà si jeune, je n'accepte pas l'échec, je veux réussir, surmonter les épreuves, étape par étape. Je pleure parce que mes jambes ne se plient pas, de vrais bouts de bois incontrôlables, indomptables. Mes parents tentent vainement de m'enseigner la patience mais ce n'est pas dans mes talents premiers.

Je tombe, je tombe, mais chaque fois, je retourne à l'attaque, à terre, mais jamais abattue. Mes parents commencent à perdre espoir, croyant que je ne marcherai jamais. C'est pour te dire, mon grand-père a fini par dire : « *Je pourrais mourir quand je l'aurais vue marcher.* » Ils ont peur, peur d'avoir pris la mauvaise décision, peur de ne pas me voir évoluer comme les autres, peur que j'ai toujours un train voire une vie de retard.

Mais, quelques mois plus tard, après des jours et des jours de bataille contre moi-même, contre ce demi-corps assez peu ordinaire, des heures à transpirer la défaite, à empester l'échec, je suis sur le point de réussir. Un instant que j'ai oublié aujourd'hui, mais qui restera gravé à l'encre indélébile dans l'esprit de ceux qui étaient là, ébahis, soulagés. Enfin, je suis debout, j'ai cessé de vaciller comme si j'avais ingurgité trop d'alcool ou que je dansais sur un fil en talons aiguilles. J'ai trouvé cette fameuse stabilité que d'autres trouvent avec si peu de difficultés. Mais ce n'est pas tout, bluffant les spectateurs de ce film ô combien spectaculaire, j'ai marché. Tu as bien lu, j'ai fait quelques pas, fébrile, hésitante ; mais qu'importe, je l'ai fait ! J'ai marché ! Mes premiers pas ! Je ne suis pas encore apte à escalader l'Himalaya mais je suis sur la bonne voie. J'évolue désormais sur le chemin de la vie, celle qui nous fait ramper au sol pour ensuite nous dévoiler ses secrets les plus somptueux.

Apprendre à marcher sans jambe,
C'est comme faire un puzzle les yeux fermés,
Comme manger sans avoir appris à déglutir.

C'est difficile,
Mais pas impossible.

Je suis arrivée dans la vie avec un désavantage,
A moi de le transformer en avantage.

Le chemin sera scabreux,
La route pleine d'embûches,
Mais la réussite n'en sera que plus réjouissante.

Chapitre 4 : Comme un dauphin dans l'eau

Deux ans plus tard...

Il paraît qu'aujourd'hui est un grand jour. Mes parents m'ôtent ce qui me sert de jambes pour les déposer soigneusement contre un mur. En une poignée de secondes, je me retrouve assise sur un fauteuil roulant. Direction la piscine, voilà ce qu'ils m'ont dit pour justifier leur excitation et masquer leurs angoisses. Quelques minutes de manœuvre et me voilà au bord du bassin, un peu paniquée, entourée d'hommes et de femmes qui m'observent de la tête aux pieds – pieds que je n'ai pas, bien évidemment. Des gamins s'agrippent à leurs parents, terrifiés par l'extraterrestre que je suis. En un instant, je suis devenue cette bête de foire, qui fait rire les machiavéliques, qui fait trembler les gosses, qui interpelle ceux qui à l'accoutumée se foutent de tout.

Enfin, moi je ne suis qu'une môme inconsciente, je ne remarque rien. Mes parents m'habillent de brassards orange, et me jettent à l'eau. Soudain, la panique me submerge. Comment me déplacer dans cet univers hostile encore inconnu, où je risque de perdre pied, même si je les ai déjà égarés depuis un bon bout de temps ? Inspirer, expirer, tout va bien, rien ne peut m'arriver, rien ne peut m'arriver... Après quelques minutes où mon souffle saccadé témoigne de mon inquiétude, mon corps commence à se détendre. Comme par miracle, je me sens bien, je me sens moi.

Parce que même si ça peut te sembler étrange, ces prothèses qui jouent le rôle de mes jambes ne sont pas moi. Je ne parviens toujours pas à les accepter comme la continuité de mon corps. Elles ne sont qu'artifice, elles se contentent de masquer un minimum mon défaut. Mais ce n'est pas moi, ce ne le sera jamais. Moi, c'est ce demi-corps qui progresse en ce moment-même dans l'eau, riant à gorge déployée face à cette toute nouvelle découverte.

A vrai dire, je pensais que mon handicap serait un obstacle aujourd'hui, qu'il m'empêcherait de patauger comme bon me semble. Mais, glissant à la surface de l'eau, j'oublie qu'il me manque un morceau. Je suis trop jeune, je ne sais pas encore que la piscine deviendra ma deuxième maison, que l'eau sera mon refuge lorsque tout s'effondrera à l'extérieur. Pourtant, au fil du temps, je deviendrai plus à l'aise dans ce liquide chloré que sur la terre ferme. Je crois que j'ai fini par me transformer en un dauphin estropié.

Mes parents m'extirpent de l'eau et soudain, je trouve la vie injuste. Pourquoi ne pas me laisser là, où enfin je pense avoir trouvé ma place ? Pourquoi les bons instants sont-ils si fugaces, pourquoi le plaisir nous échappe-t-il si vite ? Il me faut remettre ces prothèses avec des gestes qui sont devenus mécaniques mais l'envie n'est plus là, la différence fait rouler des larmes sur mes joues, ma particularité gonfle mon cœur, je crains qu'il finisse par exploser.

La nuit suivante, j'ai mal dormi, comme beaucoup d'autres nuits d'ailleurs. Fichus cauchemars ! Combien de temps encore, à endurer ces crises de panique ? Combien de temps encore, à ne plus vouloir dormir, de peur de devoir endurer cet enfer-là une fois de plus ? Je ne crois pas être Jeanne d'Arc, pourtant il y a ces voix dans ma tête, qui me hurlent de ne pas rejoindre Morphée de peur que mon cœur finisse par succomber.

Mais tout enfant a besoin d'un minimum de repos, et je finis toujours tôt ou tard par me laisser emporter dans un sommeil de plomb. Chaque fois c'est le même scénario, en boucles, un mauvais film qui me colle à la peau. Je rêve, enfin non, je cauchemarde à en perdre la tête. Tu connais Pacman ? C'est un peu ça, en pire et en plus effrayant évidemment, puisque c'est moi qu'il veut dévorer.

C'est toujours le même et identique refrain. Mes jambes reviennent, brinquebalantes, inutiles. Je tape des poings par terre, impuissante. Je ne peux pas bouger, et une fois de plus, il va me rattraper, me regarder avec ses yeux démoniaques et dévorer mes jambes. J'ai beau hurler, il continue. Il repart une fois le travail totalement achevé, une fois mes jambes complètement disparues. Ce n'est pas juste un mauvais jeu où je perds inlassablement ; c'est le handicap, qui me rappelle qu'il est là et qu'il le sera toujours, au cas où je vienne malencontreusement à l'oublier.

Brutalement je me réveille, me prenant la réalité en pleine figure : je suis bien cette fille-là, incapable de se servir convenablement de ses jambes, celle qui ne sait pas courir pour échapper au danger, celle qui pleure ses membres perdus à tout jamais, celle qui ne comprend pas bien pourquoi elle est encore là.

Pourtant, hier nous nous baladions paisiblement sur des dunes de sable chaud, vacances obligent. Je crois que je me souviendrai longtemps de cet instant, parce qu'il symbolise la guerrière qui sommeille en moi et qui a mis de longues années à se réveiller. Mon frère s'était mis à me courser, j'avais voulu jouer moi aussi, oubliant presque que je ne pouvais pas le faire avec autant de facilités que lui. Doucement mais sûrement, je m'étais enfoncée dans le sable, comme engloutie. Ma jambe était restée raide et j'avais fini la tête la première dans les dunes, un plongeon magistral dans ce désert aride. J'étais là, en étoile de mer sur le sol. J'aurais pu, comme tous les gamins, pleurer et prétexter une douleur je ne sais trop où. Mais au lieu de ça j'ai ri. J'ai ri à gorge déployée parce qu'il était là mon bonheur : être quelqu'un de différent et assumer mes chutes, pour me relever plus forte encore.

Ne se sentir nulle part chez soi,
Ni dans la foule ni dans une chambre vide,
Ni dans l'obscurité de la nuit ni sous un soleil de plomb.

Ne se sentir nulle part entière,
Comme toujours éparpillée aux quatre coins du monde,
Comme tiraillée entre deux pôles extrêmes,
Tiraillée entre joie et peine, écartelée entre hier et demain.

Soudain, une maison se dessine à l'horizon,
Un chez soi pas ordinaire,
Un chez soi maritime, chloré, mais si apaisant.

Soudain, même dans les vagues,
Mon cœur s'apaise,
Mon âme trouve le repos.

Soudain, je deviens un dauphin estropié,
Pas seulement une estropiée,
Incapable, inutile,
Pas à sa place.

Et soudain,
L'instabilité devient stable,
La nostalgie devient souriante,
La noirceur devient colorée,
La solitude devient réconfortante,
Et la vie devient réjouissante.

Chapitre 5 : Une rentrée, mais où est la sortie ?

C'est l'heure de mon entrée en maternelle. Heure fatidique, heure cruciale. Il paraît que c'est un jour spécial. Mais à vrai dire, les jours spéciaux le sont encore plus pour moi. Tout est intensifié dans ma vie, je crois : les réussites, les chutes, les douleurs, les cauchemars... Je n'ai pas peur, je ne réalise probablement pas ce qui m'attend. J'aurais sûrement dû craindre ce tsunami de regards qui allait tout dévaster en quelques heures, voire en une poignée de secondes.

Le scénario se répète encore une fois comme il y a quelques jours de cela, au bord des bassins. Des gamins m'entourent, m'assaillent de questions et moi je panique, moi je m'agite. En vérité, je n'en sais pas plus qu'eux. Enfin si, peut-être un peu. Mais moi je ne sais toujours pas comment j'en suis arrivée là, ni même pourquoi j'ai atterri dans cet endroit où on me considère comme une étrangère.

Enfin, toujours est-il que je débarque à l'école, que je le veuille ou non. La première journée se déroule sans trop d'encombre, si on oublie leurs mines défaites lorsque la maîtresse leur dit que je suis handicapée. Je les vois encore s'interroger : *« C'est quoi handicapée ? »*, *« Mais madame, c'est contagieux ? »* Et c'est là, si jeune, que j'ai compris : le handicap est une zone d'ombre pour le monde entier, il est l'inconnu qu'on n'ose aller affronter de peur qu'il nous contamine nous aussi.

Je ne me sens pas à ma place, parmi ces mômes qui courent dans tous les sens. Tout va trop vite, je ne parviens pas à suivre la cadence. Vraiment, je ne suis pas à ma place. Exclue. Un peu trop en retrait.

Dans un coin de la cour. Esseulée. A attendre on ne sait trop quoi, peut-être que les mentalités évoluent. Mais pour ça, des années après, j'attends toujours.

Ils ne seront jamais moi,
Je ne serai jamais eux.

Tant mieux pour eux,
Tant pis pour moi.

Dans leurs yeux,
Je suis celle de trop,
Tout en n'étant rien.

Je suis comme un point au milieu des traits,
Comme un silence au milieu des cris.

Je suis une chaise bancale,
Un soir d'hiver,
Un immeuble fissuré,
Un dauphin estropié.

Je suis un paysage en noir et blanc,
Un jour sans,
Une nuit blanche,
Un arbre qui penche.

Je suis un carré parmi les ronds,
Un arc-en-ciel voilé par les nuages,
Un miroir qui ne reflète que les défauts.

Chapitre 6 : Toujours derrière, toujours dernière

Quelques années plus tard...

En ce dimanche de novembre, l'heure est venue de ma première compétition de natation. A vrai dire, je me fiche de finir première, d'être la meilleure dans mon domaine. Je suis là pour un test, rien de plus. Je veux juste voir de quoi je suis capable, ou alors ne suis-je capable de rien.

Je débarque dans les vestiaires, la boule au ventre. Accompagnée de mon fauteuil roulant, j'attire tous les regards, tel un aimant de haute gamme. Je tente de garder la tête haute, en vain peut-être. J'ai une dizaine d'années à mon actif et je ne suis toujours pas très vaillante. J'ai peur de leurs yeux qui me mitraillent, si tu savais combien j'ai peur.

Un échauffement, histoire de se mettre dans le bain. Mais moi, dès le début, je ne suis pas trop échauffement. J'ai envie d'aller vite à peine arrivée. J'aimerais glisser immédiatement ma tête sous l'eau et oublier ces hommes qui me scrutent à l'extérieur, mettre fin au brouhaha qui règne au dehors. Mais bon, il paraît que le sport, à froid, ce n'est pas la meilleure idée qui soit. Alors j'essaye de faire comme les autres, de rentrer dans le moule pour une fois.

Quelques coups de bras, deux trois plongeons, et je sors de l'eau, attirant l'attention des gradins tout entier et de ces nageurs qui me semblent bien plus expérimentés que moi.

Après quelques minutes d'attente qui m'ont semblé être des heures interminables, je suis enfin appelée en chambre d'appel. Qu'est-ce que la chambre d'appel ? Quelques chaises en vrac, où le silence est maître, où la pression est palpable. Il y a ceux qui restent cloîtrés dans leur bulle, de peur de se déconcentrer trop longtemps. Il y a ceux qui sautent à pieds joints, pour évacuer le stress et échauffer leurs muscles. Puis il y a moi, souriante, parce qu'à cet instant précis, je suis dans mon élément. C'est à ce moment que tous les espoirs sont permis, que la réussite semble à portée de mains, que l'échec nous guette en riant sournoisement.

Deux coups de sifflet. Moi et mes quatre adversaires montons sur le plot, déterminées. Mais moi je ne suis qu'une gamine, je ne connais pas encore cette motivation qui donne des ailes, qui fait voler sur l'eau. Après un plongeon et une dizaine de coups de bras, j'ai déjà un train de retard, difficile de me raccrocher au wagon. Je finis ma course, coûte que coûte, à bout de souffle, tremblante. Pour une première, je pense que j'ai limité les dégâts. Et même, j'ai pris du plaisir – enfin, si on oublie le fait que je me suis cognée la tête contre le mur, tout s'est bien passé-. Aujourd'hui encore, je me souviens que les gradins tout entiers m'avaient applaudie. En y repensant, tout ça me semble inapproprié. Ce que je venais de faire ne relevait pas d'un exploit, loin de là. Pourquoi m'admiraient-ils autant, alors que ma course n'était pas plus anormale, pas plus complexe à réaliser que celles des autres nageuses ?

Lors de l'affichage des résultats, mon nom est en bas, tout en bas de la liste. Je ne suis pas triste, je n'étais pas venue là pour empocher une médaille. Mais tout de même... Quelque chose me chagrine. Je me demande à quoi bon continuer, puisque jamais je ne pourrai atteindre le niveau de ces filles normalement constituées ? Celles avec leurs jambes entières, qui ont une réelle impulsion au départ, qui quand leurs bras fatiguent, misent sur leurs battements.

Avec mes jambes en moins, de quoi ai-je l'air ? Pourtant, malgré ces questionnements qui me vrillent le cœur, j'ai continué, je me suis entêtée dans cette voie. La voie de l'eau, en espérant que ce soit la mienne, celle qui me ferait oublier l'obscurité, celle qui me guiderait tout droit vers la lumière du bonheur. Chaque année, j'ai augmenté la charge d'entraînement, les allers-retours à la piscine se sont multipliés et les rencontres au bord des bassins sont devenues quotidiennes.

Je suis tombée cent fois,
Et me suis relevée cent une fois.

Je n'ai jamais eu peur,
Ni des chutes,
Ni des déceptions,
Ni des écorchures.

J'ai appris à tomber dignement,
Cachant mes larmes,
Masquant mes idées noires.

Mais par-dessus tout,
J'ai appris à me relever,
En souriant.

J'ai appris,
Que le soleil finit toujours par se relever,
Que la pluie finit toujours par cesser.

J'ai appris,
Que quand on veut on peut,
Même si parfois le chemin pour y parvenir,
Semble interminable et bien trop escarpé.

Chapitre 7 : Changement brutal, un peu trop brutal...

Il est l'heure. L'heure de me lever, pour commencer. Mais surtout l'heure de mon entrée au collège. La boule au ventre, je suis incapable d'avaler quoi que ce soit. Je n'aime pas ça, les changements. Ça m'effraie. Je suis du genre à préférer la monotonie du quotidien, quand tout est stable, quand rien ne vient perturber mes habitudes. Mais là, pas le choix, il va falloir m'adapter à un nouvel environnement, que je le veuille ou non. Et bien évidemment, je ne le veux pas.

Je retrouve quelques-unes de mes amies devant le portail vert de ce bâtiment que je ne connais pas encore. Le proviseur prend la parole, nous souhaitant une bonne rentrée. J'aimerais bien qu'il abrège, parce que moi, quoi qu'on puisse me dire, je ne suis pas à l'aise.

Il commence par appeler la première classe, la sixième A. Une de mes amies est appelée, une autre, puis vient mon tour. Je suis soulagée, il faut l'avouer. Pourtant, lorsque je commence à marcher pour rejoindre ma classe, le malaise revient, je sens tous ces yeux braqués sur mon corps et j'aimerais m'enfuir, prendre mes jambes à mon cou. Mais sans jambes, c'est plus compliqué, je ne vais pas me voiler la face.

Nous rejoignons une salle de classe, nos profs essaient de calmer nos appréhensions mais rien n'y fait, je me sens comme un poisson sur terre, je manque d'oxygène. Après deux heures sans fin, la cloche retentit : celle qui annonce la récréation. Il faut sortir alors que je n'ai qu'une seule envie : m'enfermer à double-tours dans une salle et ne plus jamais la quitter.

Lorsqu'on entre en sixième, on est effrayés par ces troisièmes, qui nous regardent de haut, nous pauvres minus que nous sommes. Moi c'est pire. Je garde les yeux rivés sur le sol, de peur de croiser je ne sais trop qui, qui rirait de moi un peu trop fort, qui déclencherait l'hilarité générale. J'essaye de me faire plus petite que je ne le suis déjà. C'est un échec magistral.

Les questions de ces inconnus, encore une fois, fusent. « *Pourquoi tu marches comme ça ?* », « *C'est grave ce que t'as ?* » Et puis il y a ceux qui ne disent rien mais dont les interrogations sont omniprésentes malgré tout, je le vois bien. Je réponds du tac au tac, tentant de ne pas paraître troublée. Je veux simplement qu'ils me lâchent, qu'ils m'oublient tous. Je me sens comme oppressée entre deux murs, barricadée dans une prison pour quatre ans. Quatre ans... Soudain, je me demande comment survivre dans un lieu qui semble ne pas être fait pour nous. Dans un lieu où des inconnus rient de ma démarche, ouvertement ou non. J'aimerais être invisible, me perdre dans la foule et qu'on ne me retrouve plus jamais. J'aimerais oublier qu'aux yeux des autres, le handicap me définit.

Je me souviendrai toujours de ce garçon, qui souriait toujours d'un air diabolique en m'apercevant. Il devait voir que j'étais effrayée par cette centaine de gens normaux. Ils étaient tout ce que je n'étais pas, tout ce que je ne serai jamais. Un jour, je l'ai croisé de trop près, je l'ai regardé trop longtemps sûrement. Il m'avait lancé, de but en blanc « *Un problème, jambes de bois ?* » Je n'avais rien rétorqué, tétanisée par ses paroles. Voilà ce que j'étais, aux yeux du monde entier : des jambes de bois. Même pas une personne, simplement des prothèses un peu trop raides, qui se pliaient difficilement.

Il y a des mots qui marquent à tout jamais,
Parce qu'ils brisent quelque chose d'irréparable.

Il y a des mots qui marquent à tout jamais,
Des cicatrices qui peinent à se refermer,
Des sanglots trop longtemps étouffés.

Il y a des regards insupportables,
Des moqueries inoubliables,
Des difficultés insurmontables.

Je n'étais qu'une gamine,
Et si tôt,
Ils m'ont fait comprendre,
Que je n'avais pas ma place.
Nulle part.

Si bien que je me sentais,
A l'écart des autres,
Et parfois même,
A l'écart de moi-même.

Chapitre 8 : Une rencontre pour une nouvelle vie

Je me réveille difficilement ; il faut dire que mes nuits ont toujours été mouvementées. Mon sommeil est une mer agitée que rien ni personne n'est apte à calmer ; un océan capricieux où je peine à nager.

En parlant de nager ! Aujourd'hui, c'est samedi. Je ne le sais pas encore, mais ce jour va changer ma vie. Mon existence va enfin trouver l'étincelle que certains cherchent en vain.

Tu connais ces paroles un peu niaises, celles qui disent qu'une rencontre peut tout faire basculer ? Moi j'ai l'habitude de les lire, sans trop y croire. A vrai dire, je ne crois pas en grand-chose, je vis ma vie et ça s'arrête là. Je ne me fais pas d'idées, je n'espère pas rencontrer le prince charmant. Je n'ose pas rêver de peur d'échouer trois mètres plus loin. Pour faire court, je ne crois pas en moi, ni en rien d'autre, même pas en la vie.

Puis... Sans que je n'aie le temps de comprendre quoi que ce soit, il a donné un sens à ma vie : celui de me dépasser, de braver les flots, de me donner dans le sport au risque de m'y perdre parfois.

Lui, c'est Charles. Un nageur au destin tragique, un sportif que la vie a voulu tester. Il a suffi d'un accident de moto pour qu'il dise adieu à l'usage de son bras droit. Abattu, il ne voulait pas, ne pouvait pas se voir comme un homme handicapé, de ceux qu'on ne comprendrait probablement jamais. Il a peiné, peiné, mais a fini par continuer sa route dans l'eau, avec ou sans son bras. Il a franchi les portes du handisport, ce milieu dont on n'ose pas trop parler dans les médias par peur d'effrayer. Tu comprends, les gamins pourraient être traumatisés. Alors pour ce qui est du handicap c'est silence radio, il est préférable de ne rien en dire, de faire comme s'il n'existait pas. Enfin, ce n'est pas une gamine d'une petite quinzaine d'années comme moi qui changera le monde malheureusement.

Ma rencontre avec lui, ça été un simple après-midi à rire dans le bassin. Rien de bien exceptionnel, c'est vrai. Pourtant, en sortant de l'eau, il m'a dit des mots qui éclairent les ténèbres. Il m'a dit : « *Viens, viens en handisport, tente ta chance, t'as rien à perdre après tout.* » Une phrase. Une phrase de rien du tout a suffit pour allumer la flamme de mon envie. Quelques mots pour me sortir la tête de l'eau et me donner la motivation d'y plonger tous les jours à venir.

C'est comme ça, un peu par hasard, pour tester le terrain, qu'en juin je me suis retrouvée aux Championnats de France. J'avais peur, peur de l'inconnu que j'allais affronter. Mais l'inconnu a du bon parfois, je n'allais pas tarder à le comprendre...

Il fait un soleil resplendissant. Mais moi, je n'aurais guère le temps de profiter du beau temps à lézarder dans les rues. Je resterai deux jours, dans cette piscine qui m'est encore inconnue. Deux jours dans l'univers du handisport. Ou deux jours la tête dans les nuages, je ne saurais dire exactement.

Tu vois, depuis toute petite, j'ai eu l'habitude de fréquenter des personnes normales, de celles qui marchent droit sans la moindre difficulté. J'essayais de me fondre dans la masse, de ne pas faire de bruit, de rentrer dans le moule comme on dit. Pourtant, jamais je ne me suis sentie à ma place, comme venue d'un autre monde. Les autres marchaient à mes côtés, sauf qu'on ne venait pas du même endroit, on n'avait pas le même but.

Mais aujourd'hui, pour la première fois de ma vie, je suis entourée d'humains amochés comme moi. On a tous notre histoire, notre particularité, mais on a un point commun : on a survécu, on ne s'est pas laissé engloutir par les caprices de la vie. Et nous n'avons qu'une envie : nager, avec le sourire, bien évidemment ! Alors je l'ai fait, j'ai enchaîné les coups de bras comme on me l'a appris, depuis quelques années déjà. Aucune envie d'être la meilleure aujourd'hui, juste de savourer, de prendre tout ce qu'il y a à prendre, pour continuer ma route encore plus forte.

L'heure du cent mètres dos approche. Ma première course aux championnats de France. Pas de stress, juste une minuscule appréhension. C'est parti, je me lance. Et à l'arrivée, je suis heureuse : heureuse d'être là, heureuse du détour que Charles a fait prendre à ma vie.

Après quelques minutes d'attente, le classement est enfin affiché. Qui dit classement, dit liste des finalistes. Et... Je n'en reviens pas... Je ne réalise pas. Mon nom est là... En huitième position ! Je vais en finale. Je ne suis plus dans le bas du classement, celle dont personne ne se méfie, celle qui n'a aucune chance d'atteindre le podium. Certes, j'en suis encore bien loin, mais désormais, tout me semble possible. Je suis dans les étoiles, il ne me reste plus qu'à aller décrocher la lune.

A la fin du week-end, je suis exténuée. Mais s'il le faut, je suis prête à recommencer toutes les semaines. J'ai enfin découvert le monde du handisport, celui qui grandit dans l'ombre alors qu'il est une source de lumière infinie. Ce monde qui a fini par devenir ma deuxième famille, ma béquille. J'y ai rencontré des âmes rafistolées avec les moyens du bord, mais des âmes en or.

Il y a ceux qui ne marchent pas droit,
Et ceux qui ne marchent pas du tout.

Il y a ceux qui ont perdu un bras,
Une jambe,
Parfois même les deux.

Il y a ceux qui ont survécu à un accident,
A une tragédie innommable,
Et ceux qui sont bancals depuis la naissance,
Ceux qui trimballent leur mauvaise étoile depuis toujours.

Mais tous ensemble,
On a appris à voir la vie à moitié pleine,
On a appris à déceler l'espoir dans les ténèbres.

Tous ensemble,
On a appris à rire pour masquer nos larmes,
On a appris à rire pour faire taire nos drames.

Chapitre 9 : Juillet 2012

Un coup de téléphone. Rien d'anormal ni d'alarmant en somme. Juste une sonnerie comme tant d'autres. Mais non, ce n'est pas un appel banal, que j'aurais oublié dès le lendemain. Cinq ans après, je m'en souviens encore, c'est pour te dire. Aujourd'hui, on me propose, à moi, Laura, d'être spectatrice des Jeux Paralympiques de Londres. Dans deux mois, si je l'accepte, je pourrais naviguer direction l'Angleterre. Mais j'ai peur.

Parce qu'en vérité, j'ai toujours craint l'inconnu. Je crains de m'y engouffrer et d'y tomber trop violemment. Oui, c'est exactement ça, pour moi l'inconnu est un trou sans fond, bien trop hostile pour que j'ose y entrer. Mais j'y suis allée, tête baissée, tremblante. Après des journées d'hésitation, j'ai dit oui. Oui, je veux affronter mes craintes, partir dans un pays inconnu, à la langue presque inconnue, avec des personnes encore inconnues. Beaucoup d'inconnu, mais je pense que le bonheur est là où nous n'osons pas aller. Parce que nous, les hommes, préférons rester dans notre petit confort, quitte à passer à côté d'une des parties les plus fabuleuses de la vie.

Alors j'y suis allée. Quand d'autres font leur rentrée en quatrième, moi je traverse la manche sans trop y croire. Une fois arrivée à bon port, je suis comme une gamine à Disney, des étoiles dans les yeux et la tête dans les nuages. Je suis, pour une semaine, plongée totalement dans le monde du handisport. J'ai tout fait, tout vu, surtout tout savouré. Je suis comme une aveugle qui retrouve la vue et redécouvre le monde, ébahie. L'immensité de la piscine m'a tant impressionnée. Le stade quant à lui, est plein à craquer. J'ai alors ressenti une pointe de déception ; je rêvais de voir ces athlètes sauter en hauteur à une jambe, encourager les malvoyants qui couraient sur la piste. Ce jour-là, je me suis promis qu'un jour, j'y retournerai. Mais il n'y a qu'au stade que la foule s'est rendue. Pour le basket fauteuil, le volley assis, le tir à l'arc, on repassera. Peut-être les handicaps sont-ils trop lourds, les actions pas suffisamment excitantes. Tu vois, les Jeux paralympiques n'ont pas encore le même engouement que les Jeux Olympiques. Lorandi n'a pas la côte de Manaudou, Le Fur n'est pas reconnue comme Lavillenie. Je comprends, oui, avec nos membres en moins, nous ne valons pas le détour.

Non, bien sûr, je ne comprends pas. Peut-être suis-je trop bête pour comprendre que des différences comme celles-ci persistent, dans un pays où on prône l'égalité à tout vas.

Colère indicible,
De voir le handicap,
Mis de côté,
Oublié,
Négligé.

Tristesse profonde,
De ne pas être reconnus,
De n'être vus qu'à travers le prisme du handicap.

Le handisport,
C'est du sport selon nos possibilités,
Mais c'est du sport avant tout.

Le handisport,
C'est des entraînements intensifs,
Des compétitions épuisantes,
Des longueurs de bassins ou des tours de piste,
Des larmes,
Des doutes,
Des rêves.

Comme le sport.
Comme le sport…

Chapitre 10 : Confessions

Un soir de plus, je viens vers toi, cher journal. Je viens te conter cette tornade qui parfois m'emporte au large. Tu sais, j'ai toujours prétendu que, dans la vie, rien ne dure jamais. Pourtant, je garde en moi des cicatrices que le vent ne balaye pas le moins du monde. Je ne parle pas de ces marques sur mon corps, enfin si, aussi. C'est très jeune que j'ai compris que les coups restent gravés en nous éternellement. Vois-tu, je garde cette bosse au bout de ma cuisse, depuis que je me suis cognée dans mon lit blanc, alors que je jouais innocemment. Tout près, ma cicatrice. Un trait, un simple trait, qui témoigne de ces mois à ne pas dormir, de ces soirs à pleurer des océans de peine. Mais je m'y suis faite, parce qu'avec le temps on s'habitue à tout. Alors oui, j'ai fini par nous accepter, mes cicatrices et moi. J'ai fini par accepter mon image corporelle, qu'importe à quel point elle s'écarte de la norme et de mes idéaux.

Je m'égare je crois. C'est toujours comme ça lorsque je prends la plume : j'écris, j'écris, sans réfléchir, et je pars à la dérive. Je disais donc que certaines cicatrices restent. Qu'importe nos efforts pour rayer de notre mémoire ces souvenirs trop encombrants, ils restent là, tapis dans l'ombre, et ressurgissent lorsqu'on s'y attend le moins. Moi je suis de ces grandes nostalgiques, qui pensent durant des heures, quitte à ne pas dormir. Tu comprendras donc la taille de mes cernes, la fatigue de mon âme. Je pense, inlassablement. Je pense, à ces mots qu'on a pu me balancer en pleine figure, m'assommant quelques temps. Je pense, à ces mômes interrogeant leurs parents sur mon cas. Je les regarde désormais en souriant, alors qu'hier je pleurais cette différence, je sanglotais face à cette incompréhension que les passants ne parviennent à cacher.

Je pense, à la vie que trop détestent, sans raison valable. Je pense, à la vie, que j'ai mis un temps fou à apprécier à sa juste valeur.

Brutalement, une image s'impose dans mes pensées. Mes efforts pour la chasser sont vains.

Je me vois encore, dans ce fichu hôpital. Je n'avais que quelques jours, et je pleurais, je pleurais sans daigner m'arrêter. Après coup, je me dis qu'un bébé si fragile ne devrait pas connaître ça. Je n'avais qu'une semaine, et eux, ils voulaient m'enfermer dans une minuscule pièce, dans le noir complet. Moi, je me débattais. J'avais peur. J'avais craint de naître, et maintenant j'avais peur de me soumettre à ce qu'ils appelaient une IRM. Je bougeais dans tous les sens, je leur en faisais voir de toutes les couleurs, histoire qu'ils me laissent tranquille. Mais non, ils ne voulaient pas abandonner. Il paraît que c'était essentiel, que cet examen était primordial pour savoir. Il fallait savoir. Mais moi je m'en fichais, je ne comprenais rien à ce que me disaient les infirmières pour me calmer.

Si je me souviens bien, ils ont fini par me faire rentrer dans cette boîte hostile. Je ne sais plus si mes cauchemars ont impacté ma mémoire, mais je crois qu'ils m'ont attachée, ligotée comme si je n'étais pas suffisamment obéissante.

Une semaine de vie, et déjà un examen à mon actif, pour comprendre l'incompréhensible, peut-être.

Acceptation…

J'ai fini par accepter,
Ce que je pensais inacceptable.

J'ai fini par aimer chez moi,
Ce que j'avais trop haï.

J'ai fini par rire,
Là où j'avais tant pleuré.

J'ai fini par écrire,
Ce que je n'avais jamais réussi à dire.

J'ai fini par vivre,
Quand jusque-là je ne faisais que survivre.

Chapitre 11 : Marcher jusqu'à la réussite

Même si parfois je m'égare dans mes souvenirs, que je me laisse engloutir par les flots du passé, nager reste ma priorité. La natation, c'est le soleil de mes ténèbres, tu visualises ?

Aujourd'hui, alors que le soleil de mai réchauffe les cœurs, je me dirige vers Valence. Quelques heures de voiture, à penser, à me demander vers quelle aventure je me dirige cette fois-ci. Mais jamais je ne pourrais imaginer ce qui m'attend. On aura beau s'imaginer mille scénarios, tous différents, aucun ne sera jamais le bon. J'arrive donc à destination, la boule au ventre. Un stress ineffaçable grandit en moi, je ne saurais dire exactement pourquoi. Peut-être cette angoisse de mal faire, qui me colle à la peau où que j'aille, quoi que je fasse.

Je répète les mêmes gestes, inlassablement, avec une minutie qui m'étonnerait presque. Je retrouve le monde du handisport, et ces personnes en or qui le constituent. Ce qui est drôle, c'est de voir ces nombreuses prothèses, éparpillées dans les gradins. Je sais que ça en choquerait plus d'un, de voir des bras et des jambes posés n'importe où, mais moi, enfin, je me sens dans mon élément. C'est comme si j'étais de retour chez moi après de longs mois à voyager à l'étranger.

Aujourd'hui, nous nous retrouvons pour les championnats de France jeunes, ce jour que j'ai tant attendu. Et voilà qu'on m'attend en chambre d'appel, pour me mettre dans le bain avec le 200 mètres crawl. Alors que je déglutis péniblement, d'autres essayent de se détendre avec leurs écouteurs, certains s'échauffent en sautillant. La course se passe sans trop d'encombres, le plaisir est au rendez-vous, en ce samedi exceptionnel.

Après plusieurs minutes de récupération, l'heure est venue du 50 mètres dos, et mon cœur s'affole, à croire qu'il va me lâcher. Je sens bien que ma mère partage mon stress, je n'ai pas encore l'habitude des compétitions en ce genre. Puis tu me diras, même avec l'habitude, l'angoisse ne disparaît jamais entièrement. Elle est toujours là, tapie dans un coin, prête à te faire perdre tous tes moyens.

50 mètres, ce n'est rien. Ce n'est que 25 mètres, un virage où je me fais distancer par mes adversaires qui possèdent leurs jambes, et les derniers mètres où je donne tout ce que j'ai, jusqu'à avoir du mal à me sortir de l'eau, jusqu'à pleurer d'épuisement. 50 mètres, ce n'est pas grand-chose, dit comme ça. Pourtant, une fois de plus, je suis sortie vidée, vidée de mes forces, mais surtout vidée de mes maux, comme apaisée.

Aux alentours de onze heures, l'annonce des podiums se fait attendre. Une attente palpable, pour changer. Mais, enfin, quelques phrases résonnent dans cette vaste piscine : « *Sont appelés près du podium : Théo C., Lucie E., Laura M. (...)* » Je... Je ne rêve pas ? Mon nom vient d'être appelé ? Ce n'est pas une mauvaise blague, un canular foireux ? Pincez-moi. Maintenant, il ne reste plus qu'à savoir, sur quelle marche du podium je monterai.

Après les cérémonies du 200 mètres nage libre, vient le tour du 50 mètres dos. La troisième vient d'être appelée, ce n'est donc pas moi.

Première ou deuxième place ? Mon cœur bat à tout rompre, je ne tiens plus en place. Après quelques secondes qui m'ont semblées interminables, le nom de la vice-championne de France se fait entendre. Et... Ce n'est, encore une fois, pas moi. Je mets alors du temps à comprendre qu'on m'attend pour aller chercher ma médaille d'or. Ma première médaille d'or, là, tout de suite.

Et soudain, je me dis que ce chemin vers la victoire, je ne l'aurais jamais gravi seule. Alors je pense à elle, à mon entraîneuse, Samantha, qui m'en fait baver chaque soir, qui me fait pleurer parfois, mais qui surtout croit en moi, souvent plus que moi-même.

Parce que même s'il existe des jours où on se sent trop seul, la vie se savoure à plusieurs. Et sans elle, jamais je n'aurais connu le goût de la réussite. Ce sentiment-là qui te fait pleurer de joie, qui te fait comprendre que les efforts payent toujours.

Je me tourne vers mes parents émus, fiers. Et même si je ne suis pas la plus à l'aise lorsqu'il s'agit de se faire prendre en photos sur un podium, je savoure ce moment inédit.

La victoire,
C'est enfin serrer ses rêves dans ses bras,
C'est retrouver l'espoir après avoir cessé d'y croire,
C'est pleurer un peu,
Mais seulement de joie.

La victoire,
C'est apprécier le chemin parcouru,
Et en vouloir encore plus.

La victoire,
C'est savourer l'instant,
Et se projeter dans l'après.

La victoire,
C'est remercier son corps d'avoir tenu le choc,
C'est remercier son entourage d'avoir toujours été là,
C'est remercier la vie d'être toujours plus généreuse.

Chapitre 12 : Quand les mots tuent

Je reviens vers toi, dans le but de trouver des réponses à ces questions qui cognent contre mon cœur. Mais je pense que certaines interrogations ne trouveront jamais de réponse, les pourquoi n'auront jamais leur parce que.

Je suis désormais en classe de troisième. Je pensais que la plupart de mes camarades avaient atteint leur maturité, mais une fois de plus, je me suis trompée.

Aujourd'hui, je l'ai vu pleurer. Mathis, il est pourtant discret, il ne demande rien à personne. Lui, il veut juste faire son petit bonhomme de chemin tout seul, avancer sans se casser la gueule. Mais eux, ils s'en fichent de son bonheur. Eux, c'est deux types un peu trop sûrs d'eux, de ceux à qui t'aimerais dire qu'ils ne sont rien de plus que les autres, qu'ils sont justes des gamins un peu trop stupides. Mais eux ils se foutent de tout, ils se foutent de l'avis des autres, ils vivent leur vie sans penser aux conséquences, quitte à ruiner celle des autres.

Je disais donc que je l'ai vu pleurer, et ça m'a brisé le cœur. Leurs mots, tranchants comme des couteaux bien trop aiguisés, ont fini par l'atteindre, après ses nombreux efforts pour les esquiver. Leur acharnement contre lui était devenu un poids, bien trop lourd à porter. Je me souviens encore, de ces cours de français, où ils l'insultaient, encore et encore, sans que le prof ne voie rien, sans que personne ne dise quoi que ce soit, y compris moi. Et aujourd'hui encore, je m'en veux. Parce que personne ne mérite de voir son bonheur réduit à néant faute au harcèlement. Eux, ils se croyaient les plus forts et s'amusaient à enterrer ceux qu'ils jugeaient inférieurs.

Je m'en veux, mais la vérité c'est que j'avais peur. J'avais peur d'eux. J'avais peur qu'ils me fassent tomber encore plus bas, qu'ils s'acharnent sur moi.

Quelques jours plus tard, il m'a vue pleurer. J'ai essuyé mes joues humides furtivement, mais c'était trop tard : il avait compris. Je ne dirais pas que j'ai été brisée autant que lui. Moi, j'ai l'habitude, l'habitude d'endurer le regard perçant des passants, les critiques insensées des autres. Mais tout de même, j'avais mal. J'avais mal, qu'ils disent haut et fort qu'on s'en foutait de moi. J'avais mal, qu'ils m'ordonnent de me taire quand eux parlaient en permanence. J'avais mal, lorsqu'ils me surnommaient « *l'indésirée* », parce qu'au fond, c'était peut-être la seule vérité. J'avais mal de les voir rire quand moi je sanglotais. J'avais mal et surtout, j'étais mal dans ma peau. Ma confiance en moi s'effritait à vue d'œil, quand mon mal-être ne faisait que de grossir, et grossir encore. J'avais mis tant de temps à accepter mon schéma corporel et soudain, tout me semblait compromis, il fallait tout recommencer. Alors qu'il m'avait fallu des années pour m'accepter, quelques jours avaient suffi pour que je dégringole la pente de nouveau.

Le pire c'est qu'il m'arrive d'y repenser. Jamais trop longtemps, mais malgré tout, leurs remarques sont gravées en moi à l'encre indélébile. A l'époque, je souriais pour ne pas inquiéter, mais au fond je n'étais pas si forte que ça. Aujourd'hui, bien des années plus tard, ma confiance en moi n'est pas étincelante. Il suffit d'un regard de travers, d'une parole un tant soit peu blessante pour que je me dévalorise de nouveau.

La fin du collège approche à pas de géants. Je ne saurais pas comment illustrer ces quatre années de mon existence, si ce n'est par des montagnes russes, faites de hauts et de bas, de chutes inattendues et d'ascensions fulgurantes. Pourtant j'en garde des souvenirs merveilleux, qu'importe le nombre de larmes que j'ai pu déverser tard dans la nuit, quand plus personne n'était apte à m'entendre.

J'ai aimé, pour la première fois. J'ai connu mon premier chagrin d'amour, celui dont je pensais ne jamais me remettre. J'ai connu ces cœurs brisés, ceux qu'on croit éternels, à tel point qu'on pense ne plus pouvoir aimer un jour. Au tout début, je ne savais pas combien les tumultes de l'amour pouvaient causer des ravages irréversibles. J'aurais dû me méfier, faire marche arrière pendant qu'il en était encore temps, mais après tout, je ne pouvais pas deviner que l'amour allait me faire tomber plutôt cent fois qu'une. Je l'ai aimé trop vite, je l'ai aimé trop fort. C'était tout moi, de m'attacher à m'en oublier parfois. A quatre reprises, j'ai donné mon cœur à des garçons qui n'en voulaient pas. J'étais la bonne amie, celle qui fait rire, rien de plus. J'en ai souffert, bien évidemment, comment pouvait-il en être autrement ? Pourtant, je n'ai jamais haï l'amour. Parce qu'il est de ces sentiments qui réchauffent l'âme, qui font oublier tout le reste, qui rendent vivant tout simplement. J'ai vécu de beaux moments à leurs côtés, des moments inoubliables. Des voyages scolaires, des heures de cours à rire à gorge déployée, sans oublier ces récréations qui chaque fois me semblaient trop courtes. La vérité c'est que j'aurais aimé arrêter le temps pour les garder à mes côtés éternellement mais c'était impossible. La vérité c'est que certaines personnes m'ont brisée sans scrupules, mais j'ai rencontré des êtres merveilleux, des personnes qui m'ont aidé à y croire. J'ai rencontré des garçons qui s'amusaient en cours, de ces garçons que les profs haïssaient et avec qui j'aimais rire. J'ai rencontré des amies, qui bien des années plus tard, font encore partie de mon existence. J'ai eu un meilleur ami, pour qui j'aurais tant donné. J'ai vécu pleinement, j'ai ressenti la haine et l'amour, la peine et la joie, sans demi-mesure.

Malheureusement, la plupart ont fini petit à petit par ne plus être dans mon quotidien mais je ne leur en veux pas, je les remercie même d'avoir été dans ma vie, de faire partie de mes plus beaux souvenirs. Je les remercie d'avoir été ma source d'inspiration toutes ces années. Ils ne liront jamais ces mots que j'ai pu leur dédier, ils ne comprendront probablement pas l'ampleur de l'amour qui m'envahissait mais qu'importe, j'ai pu l'écrire. J'ai écrit des heures durant, j'ai couché mes sentiments sur le papier de peur qu'ils débordent en moi.

Je les remercie de m'avoir donné de l'espoir quand le ciel me tombait sur la tête. Je les remercie de m'avoir poussé à me surpasser alors que je n'en avais plus la force. Je les remercie pour tout. Et même si j'aimerais leur dédier des chapitres entiers, les mots ne suffisent parfois pas à décrire l'infinité des sentiments. Et même si j'ai déversé des milliers de larmes à cause de leurs absences, j'ai fini par accepter que chaque rencontre ne soit pas faite pour être éternelle ; que certaines relations sont faites pour être éphémères tout en nous laissant des souvenirs impérissables.

Parce qu'on n'oublie pas quelqu'un qu'on a aimé. Parce qu'ils seront toujours dans un coin de ma tête, dans une parcelle de mon cœur. Parce que l'amour est une tempête qui dévaste tout, quand on s'y attend le moins. Parce que l'amour est un tatouage que le temps ne saurait effacer.

C'est dingue,
L'effet que tu me faisais.
Je ne m'en remettrai jamais,
Mais je m'en souviendrai,
Eternellement.

Tu faisais trembler tous mes membres,
Tout en réchauffant mon cœur.

Tu déchirais mon âme toute entière,
Tout en pansant chacune de mes blessures.

* * * * *

Tu étais de loin le plus beau des regards,
Celui qu'on croise dans la foule et qui nous percute, nous transperce.

Tu étais sans hésitation mon plus solide rempart,
Celui qui me protégeait de tout, des coups et des averses.

Ton sourire était une œuvre d'art à lui tout seul,
Ton regard était une énigme que je voulais résoudre.

* * * * *

Je te remercie d'avoir croisé ma route,
D'avoir comblé mes vides.
Je te remercie de m'avoir montré que l'amour pouvait faire du bien,
Et partir de rien.
Je te remercie d'être mon plus beau coup de foudre,
Mon sourire et mon souvenir favori.

* * * * *

Tu es mon âme-cœur,
Cette âme qui panse mon cœur,
Ce cœur qui soulage mon âme.

J'aurais toujours ton absence chevillée au corps.

Chapitre 13 : Acceptation

Aujourd'hui, je me demande pourquoi le monde entier se plaint pour des broutilles. Ce que je veux dire c'est qu'évidemment, les circonstances ne seront pas toujours adéquates à notre bonheur, la météo ne sera pas toujours au beau fixe. Mais c'est à nous de vivre le mieux possible, qu'importe si le ciel est prêt à se fissurer faute aux milliers d'éclairs qui en sortent. Parce que justement, il ne s'est pas encore effondré et nous, nous sommes toujours vivants. Alors, j'aimerais le crier haut et fort : « *Tant qu'il y a de la vie, il y a de l'espoir.* »

Si je dis ça aujourd'hui, c'est parce qu'enfin, après tant de larmes déversées, après des chutes à répétition, j'ai appris à m'accepter, à accepter ce handicap qui trop souvent m'impose des barrières. Mais ces cloisons ne font souvent pas long feu avec moi. Quoi qu'il m'en coûte, qu'importe le temps pour y parvenir, je finis toujours par les dépasser. Et aujourd'hui, je suis fière de l'écrire : j'ai fini par accepter ce handicap qui m'a mise à genoux des centaines de fois.

Bien sûr, il y a des jours où le regard d'autrui me tue comme un poison ; lentement mais sûrement. Bien sûr, il y a des jours où j'aimerais rester enfouie sous ma couette parce que j'ai bien trop mal, mal à l'âme mais surtout au corps. Bien sûr, il y a des jours où j'aimerais marcher normalement, ne pas me faire remarquer où que j'aille à cause de ma démarche incertaine. Bien sûr, il y a des jours où j'aimerais oublier mes prothèses. Mais ça n'arrivera pas, jamais. Chaque geste, chaque pas me rappelle que je suis amputée. Ce handicap fait partie intégrante de ma personne et je ne pourrai jamais rien y changer. Alors que me reste-t-il à faire, si ce n'est l'accepter, du mieux que je le peux ? Que me reste-t-il à faire, si ce n'est continuer d'avancer, sans réfléchir constamment à ce que ma vie aurait pu être avec un corps normalement constitué ?

J'ai toujours aimé écrire l'espoir,
La lumière,
La vie,
Les fleurs qui renaissent au printemps,
Le soleil qui se lève,
L'arc-en-ciel qui nous éblouit.

J'ai toujours aimé écrire l'espoir,
Même quand le mien se faisait la malle.

J'avais besoin de dire,
Aux autres et à moi-même,
Qu'il faut apprendre à danser sous la pluie,
Qu'il faut apprendre à colorer soi-même sa vie,
Qu'il faut apprendre à chercher le bonheur,
Même lorsqu'il est trop bien caché.

Parce que le train de notre vie n'attend pas,
Et qu'il ne faut pas le laisser partir sans nous.

Chapitre 14 : Philippe Croizon

Aujourd'hui j'aimerais te parler de lui ; cet homme qui m'a donné envie d'aller décrocher la lune, au risque de m'échouer dans les étoiles.

Lui c'est Philippe. C'est un homme, tout ce qui existe de plus banal. Mais la vie ne doit pas trop aimer ceux qui vivent sans encombre, elle prend un malin plaisir à ajouter son grain de sel un peu partout. Elle aime voir la mer se déchaîner.

Il a été électrocuté vif. Brûlé sur place à cause d'une ligne à haute tension.

Mais il a survécu, on ne sait trop comment. Un miracle parmi tant d'autres. Il a survécu, mais dans la bataille il a dû laisser une bonne partie de son corps. C'est sans bras ni jambe qu'il a dû affronter le retour à la vie. Je te laisse imaginer quel effet ça peut produire, d'un jour à l'autre, de se retrouver dépendant de son entourage. De se réveiller sur un lit d'hôpital et de voir, enfin surtout de ne pas voir la totalité de ses membres.

Évidemment, il aurait pu abandonner, il aurait pu se tirer une balle et en finir au plus vite. Lorsque sa femme l'a quitté, par peur d'affronter son handicap, il aurait pu dire non, non, je ne veux plus de ma vie avec ce corps là, sans elle pour m'aimer. Mais il a continué d'arrache-pied, même s'il n'en avait plus.

Il a continué et ça a payé, parce qu'au fond, les efforts finissent tôt ou tard par être récompensés. Il n'avait plus rien pour s'accrocher mais il a tenu, en pleine tempête, en plein tremblement de terre.

Il a survécu et il a même fait mieux, il a poursuivi ses rêves pour pouvoir les embrasser tendrement. Quelques années après avoir frôlé la mort, il aimait la vie en traversant la Manche. Quand d'autres restent dans leur canapé à se lamenter, il a défié les flots sans bras ni jambe. Puis, comme si cela ne lui suffisait pas, après un court temps de répit, il reliait les cinq continents à la nage. Une expérience sportive et surtout humaine. Un message qu'il faudrait écrire à l'encre indélébile sur les parois de l'univers : « *Rien n'est impossible. Le secret de la réussite est simple : des kilos de volonté.* »

Et moi, je vais bientôt le rencontrer. Lui, cet homme qui m'impressionnera toujours. Lui qui avec ses livres a su me donner envie de vivre chaque jour comme si c'était le dernier.

Toujours avancer,
En dépit des vents violents,
A contre-courant,
Ou même en rampant.

Toujours avancer,
Même sans savoir où l'on va,
Comment,
Ni même pourquoi.

Toujours avancer,
A la conquête du bonheur,
A la recherche de joyaux insoupçonnés.

Parce que la vie regorge de mille trésors,
D'un millier de pierres précieuses,
D'une infinité de merveilles.

Chapitre 15 : Rencontre avec le bonheur

Six et sept mars deux mille quinze. Une date banale dit comme ça, un week-end comme un autre, qui se fondrait presque dans la masse. Mais non, loin de là.

Six et sept mars. Un championnat de natation. Il est vrai que j'ai déjà concouru plusieurs fois dans des compétitions, mais là, c'est différent, ça a un goût de rêve, d'utopie même. Je vais enfin rencontrer Philippe. Et même si je ne pourrai pas lui serrer la main, je pourrai toujours le serrer dans mes bras, histoire que son courage me contamine une bonne fois pour toute.

Tout s'est enchaîné à vitesse grand V sans me laisser le temps de toucher terre. Quatre jours après, je suis encore dans les nuages, c'est pour te dire. Je flotte entre deux trois souvenirs de nos éclats de rires. Ils m'ont offert toutes les étoiles de cette nuit particulière pour redonner un certain éclat à mon regard.

Il faut dire que durant ces deux jours, je suis bien entourée. La compétition ne se déroule pas très loin de chez moi alors beaucoup de mes proches ont fait le déplacement. J'ai rarement vu des gradins aussi remplis pour un événement handisport, j'en suis réellement étonnée, dans le bon sens du terme. Au départ de mon cent mètres dos, il y a un brouhaha d'enfer, pour moi, rien que pour moi.

Je me souviens des encouragements de Philippe qui avaient regonflé mon stock d'espoir. Je me souviens de ce sourire, qui ne m'avait pas quitté une seule seconde. Je me souviens, de cette soirée à parler avec ce grand monsieur, qui m'avait offert son livre, m'avait fait rire, et surtout m'avait fait voir la vie en couleurs. Je me souviens d'Elodie, me disant : « *T'es belle comme ça, ça fait plaisir de te voir debout.* » C'est à partir de ce jour-là que j'ai accepté de me vêtir d'une jupe, qu'importe si mon handicap n'en était que plus visible.

Et puis, il y a eu cette soirée de clôture, accompagnée de Lucie et de nos rires francs. Et là, plus que jamais, j'ai compris. J'ai compris que la différence n'est pas une barrière à la joie. Le handicap en lui-même n'est rien si nous savons nous adapter. Parce que ce samedi soir-là, il n'y avait pas d'adolescents handicapés. Il y avait juste des mômes heureux qui faisaient des courses de fauteuils et qui enfermaient les autres dans des placards bien trop étroits. Il y avait juste des sourires qui s'échangeaient, des rires qui claquaient dans l'air.

Je ne sais pas comment tu vois la différence, toi. Mais je t'en prie, crois-moi sur paroles, elle est belle. C'est une richesse inestimable de notre vaste terre. Il n'est pas des plus aisés de s'intégrer, pour nous, mais je crois désormais que c'est une bataille qui en vaut la peine. Je m'en suis pris des coups, si bien que mon estomac et mon cœur en sont tout biscornus. Mais être en haut de la pente, c'est la réussite qui fait tout oublier ; surtout les nuits blanches à broyer du noir, les heures à sangloter en compagnie de Madame Solitude.

Il existe des âmes,
Semblables à la mienne.
Des âmes amochées,
Mais tellement lumineuses.

Il existe des êtres,
Abîmés,
Morcelés,
Mais merveilleux.

Il y a des amis,
Qui ont rempli mon ciel d'étoiles,
Qui ont rempli mon monde d'éclats de rires,
Qui ont effacé mon handicap,
Le temps d'un instant.

Rien que pour ça,
Je remercie le handicap.

Je remercie le handicap,
Pour ces rencontres inattendues,
Mais au fond tant espérées.

Chapitre 16 : Je me noie

Je me souviens, mon frère m'avait dit : « *La vie ce n'est pas toujours des hauts, le sport c'est pareil.* » Et la vérité de cette phrase me cogne sans cesse le cœur.

Parce que tous les soirs de la semaine, après des journées épuisantes où je désire plus que tout m'effondrer dans mon lit, je vais nager. Je vais nager avec une seule envie en tête : m'améliorer. Je veux battre ce fichu record de France qui me nargue. Je vais nager, seule ou accompagnée, motivée ou lassée, heureuse ou nostalgique. Je suis toujours la première dans l'eau, c'est pour te dire combien j'aime ça.

Je me prépare en vue des championnats de France à Montpellier. Pour la première fois, les valides nageront en même temps que les handisports. Pour la première fois, je vais rencontrer Camille Lacourt, Florent Manaudou, Jérémy Stravius, et tous les autres. Je trépigne d'impatience, à n'en plus dormir, à y penser jours et nuits, nuits et jours.

Lentement, le premier avril deux mille seize a fini par arriver, et non, ce n'est pas une mauvaise blague. Après six heures de route interminables, j'arrive enfin sur place, le ventre noué par l'angoisse. La piscine est immense, décorée de mille affiches. Et pour cause, ce n'est pas une compétition banale, mais bien le jour des sélections pour les Jeux Olympiques et Paralympiques de Rio. Les gradins sont pleins à craquer, c'en est impressionnant, j'ai rarement vu ça. L'euphorie me saisit de plein fouet, mais je dois rester calme, ma course approche.

Après un échauffement banal, je rejoins la chambre d'appel. Avant mon 100 mètres dos, a lieu le 50 nage libre homme des valides. Je suis donc là, assise sur mon fauteuil roulant, à quelques mètres seulement de Manaudou, Stravius, Bernard et Metella. Je ne rêve pas, ils sont bien là. J'essaye de rester concentrée sur ma course, mais je t'avoue que c'est un tant soit peu compliqué. J'ai l'impression d'être une gamine à l'approche de Noël, je ne sais plus où donner de la tête.

Après un 50 mètres crawl de folie conduit par les plus grands, c'est à mon tour de me jeter dans le bain. Je me sens bien. Vraiment, je me sens prête à voler sur l'eau pour atteindre ce fameux record de France. Pourtant, à l'arrivée, le résultat n'est pas celui escompté. Le chrono affiche un temps deux secondes trop élevées, et les larmes montent sans que je n'aie le temps de les ravaler. Douze heures de route aller-retour, pour une minute trente-trois dans l'eau et une arrivée dure à encaisser. Ma confiance en moi vient de voler en éclats, impossible de la rattraper au vol. Même nager dans le bassin de récupération aux côtés de Florent Manaudou ne parvient pas à apaiser mes sanglots.

La nuit suivante a été mouvementée. Je me tourne et me retourne dans mon lit, me demandant ce que j'ai mal fait, à me dire que mes efforts n'avaient servi à rien, que je suis nulle, nulle...

La journée du samedi a tout de même réussi à me redonner un demi-sourire. Au fil de la journée, j'accumule les photos auprès de mes idoles, de ces hommes et femmes que jamais je n'aurais imaginé pouvoir rencontrer un jour.

Alors même si je garde un goût amer de ce week-end sous le soleil du Sud, ma mémoire gardera longtemps le souvenir de leurs sourires. Mais mon esprit n'oubliera jamais cette difficulté à me relever après la chute. Peut-être étais-je tombée pour mieux me relever…

Malgré tout, cette journée reflète une des problématiques essentielles de mon existence : je n'aime pas la défaite. Tout ce que j'entreprends, je veux le réussir. Mon intolérance à la défaite ne m'a jamais fait défaut. Plus d'une fois, je me suis haïe d'avoir échoué, plus d'une fois, j'ai mis un temps fou à me remettre de mes faux-pas. Cette anxiété à l'idée d'échouer me colle à la peau. Est-ce une qualité qui me mènera loin, ou un défaut qui me fera disjoncter, l'avenir me le dira…

J'ai pleuré tant de larmes,
Comme si je voulais que la piscine déborde,
En écho à mon cœur qui se noyait,
Trop souvent.

J'ai pleuré des larmes de désillusion,
Quand je pensais pouvoir serrer mes rêves dans mes bras,
Mais qu'ils me filaient de nouveau entre les doigts.

J'ai pleuré des larmes de désespoir,
Quand mes efforts étaient insuffisants,
Quand mes douleurs dépassaient l'entendement.

J'ai pleuré des larmes d'injustice,
Quand mes jambes en moins ne me propulsaient pas comme les autres,
Quand mon handicap m'empêchait de rivaliser avec les meilleurs.

Il y a eu autant de larmes que de sourires,
Autant de doutes que d'éclats de rire.

Je n'oublierai jamais mes chutes,
Mais préfère retenir les instants de bonheurs,
Hors du temps,
Fugaces mais éternels.

Mon cœur mis à nu

Chapitre 17 : Toutes les bonnes choses ont une fin

L'année de première touche à sa fin, et c'est avec mélancolie que j'écris ces quelques mots. Ces dix derniers mois ont été les plus rayonnants de ma vie.

J'ai connu de ces personnes, que je ne suis pas près d'oublier.

Je pense notamment à Anaëlle. Ana, je crois que tout le monde l'aime, c'est impossible autrement. Ana, c'était la bonne humeur incarnée, puis d'un jour à l'autre, son sourire s'est volatilisé. Doucement mais sûrement, on a l'a vue sombrer dans l'anorexie. Le pire dans tout ça, c'est que nous ne pouvions rien faire, le mal s'était incrusté trop profondément en son être. Puis brutalement, on ne l'a plus vue. Elle avait comme disparu de la surface de la terre, et je m'en voulais, de ne savoir l'aider, de ne pouvoir lui dire combien je tenais à elle. Parce qu'elle avait été présente quand mon monde devenait trop obscur ; mais moi, je n'étais pas en capacité de la sauver de ses propres démons. Alors on attendait tous de la revoir, sans trop y croire.

Je ne peux m'empêcher de penser à Lili. Lili, elle n'est pas parfaite, notre amitié a connu des hauts et quelques bas. Pourtant, elle restera probablement celle que j'ai le plus aimé, dans ce domaine merveilleux qu'est l'amitié. Parce qu'elle aussi, je l'ai vue sombrer. J'ai tenté de sécher ses larmes du mieux que je le pouvais, quelques fois jusqu'à en pleurer moi-même. Sa douleur devenait mienne. Mais malgré nos chutes, parfois trop nombreuses, on a ri. Croyez-moi, elle a été la source de la plupart de mes sourires, une source de joie intarissable. Je n'oublierai jamais, ces soirées d'internat, aux côtés d'elle et de Flo, à réveiller ceux de la chambre d'à côté parce qu'on parlait trop fort. Ces soirées à rire au point d'en pleurer, à parler de tout et de rien jusqu'au bout de la nuit. J'étais tellement heureuse que je ne voulais plus dormir ; j'aurais aimé profiter d'elles encore plus, savourer chaque instant de bonheur en leur compagnie. Parce que j'en suis consciente, nos chemins se sépareront tôt ou tard.

Il y a eu une simple prof de français, qui a ensoleillé nos journées. Parce qu'avec elle, on a appris le Carpe Diem ; parce qu'avec elle, on se réunissait autour d'une tasse de thé pour parler littérature. Lorsqu'on entrait en salle vingt et une, on laissait nos tracas dans le couloir pour voir la vie sous un autre angle. Je suis certaine que ces heures à étudier Rabelais, Du Bellay et tous les autres, m'ont changée. Les mots ont soigné mes maux.

Cette année, la vie a mis sur mon chemin un entraîneur digne de ce nom. Il a toujours su me donner l'envie d'aller plus loin. Il a toujours su me faire rire lorsque la lassitude prenait le dessus. Il était du genre à me dire de mettre mes palmes en souriant, du genre à me dire que quand j'avais mal aux bras, ce n'était pas grave, j'avais des jambes pour compenser. Par-dessus tout, il m'a appris à baisser la tête en nageant, mais à toujours la relever après chaque déception. Il séchait mes larmes, quand l'espoir de réussir se faisait la malle.

En parlant de sport, je reviens d'un stage de natation. Pour la première fois, je me suis essayée au basket fauteuil. Le handisport, c'est vraiment une belle trouvaille, crois-moi. Le handisport, c'est offrir un nouveau souffle à ceux qui ont perdu une part de leur mobilité. Le handisport, c'est rendre une part de vie à ceux qui se mouraient doucement mais sûrement.

Quoi qu'il en soit, j'ai fait du basket fauteuil. Pour une fois, je n'avais pas à tenter de suivre mes camarades qui couraient d'un bout à l'autre du terrain. Pour une fois, je n'étais pas sur le banc de touche, à me dire que je ne valais rien. Pour une fois, j'étais à la hauteur. Assise dans ce fauteuil noir, la balle à la main, je me suis dit que tout était possible, que moi aussi, je pouvais participer à des sports collectifs, au même titre que les autres.

Jour après jour, je commence à me dire que leur différence, c'est des conneries. La différence d'un point de vue péjoratif n'existe que dans leurs têtes. Mais plus dans la mienne.

Il y a des jours où je pourrais déplacer des montagnes,
Et d'autres où je peine à m'extirper de mon lit.

Il y a des jours où l'espoir prend toute la place,
Et d'autres où il ne pointe pas le bout de son nez.

J'oscille trop souvent entre détresse et allégresse,
Je tangue entre nostalgie et euphorie,
J'ai un pied dans le passé,
Et l'autre je ne sais trop où.

Je passe du rire aux larmes en une pensée,
De la tragédie à la comédie en un pas,
De l'arc-en-ciel à l'orage en un mot,
Du soupir à l'espoir en un silence.

Mon moral danse en talons aiguilles,
Sur des montagnes russes rouillées,
Et moi je ne suis pas très bonne danseuse.

Chapitre 18 : Parler sans retenue

Ce soir, je donne une conférence sur le handicap. C'est une première pour moi. Pour la première fois, j'ose parler du bonheur, de l'espoir qui coule dans mes veines. Et aujourd'hui, plus que jamais, je veux transmettre mes idées à tous. Je veux dire que le handicap n'est pas une barrière à la communication, je veux dire de ne pas avoir peur. Et surtout, crier que bonheur et handicap ne sont pas incompatibles, loin de là. Je veux dire que mon bonheur, je ne l'ai pas construit toute seule. Et je veux leur dire que mon handicap n'est plus un poids ; qu'il m'a permis des rencontres qui changent une vie, qu'il m'a offert des instants qui restent gravés éternellement.

Par ces instants, j'entends les moments en leur compagnie, lorsque le temps s'arrête pour laisser place à nos éclats de rires. Il y a une semaine, j'étais avec eux. Eux, ce sont des handicapés aux yeux de la société, des pépites d'or pour moi.

Eux, c'est Lucie, qui me manquait à peine partie. Lucie, elle comprend ce que je n'ai jamais dit à personne, parce que personne ne connaît le handicap mieux que nous. Eux, c'est Jade, qui m'a serrée dans ses bras quand les larmes inondaient mon visage. Jade et Lucie étaient d'abord des adversaires. Puis, très vite, elles sont devenues de véritables amies. Des amies contre qui ce n'est pas si grave de perdre, des amies qui partagent nos rêves, nos combats, nos peines et surtout nos joies. Je ne compte plus nos éclats de rires pour des futilités, je ne compte plus ces aux-revoir qui à chaque fois nous brisaient le cœur.

Eux, c'est Théo qui par ses mots, donne envie d'aller décrocher la lune. Eux, c'est Ugo qui m'inspire la joie et la bonne humeur chaque fois que je le croise. Eux, c'est Florent, Élodie, Agathe, Solène et tous les autres. Eux, ils m'ont changée. Parce qu'à leurs côtés, j'ai appris à aimer le handicap, à l'assumer aux yeux du monde entier, à le hurler sur les toits de l'Univers.

Eux, ce sont des personnes qui marquent profondément. Des personnes à qui je ne parlerai peut-être plus dans quelques années, mais que je n'oublierai jamais. Parce qu'ils m'ont fait devenir ce que je suis aujourd'hui, parce qu'ils font partie de moi. Avec eux, j'ai construit des liens merveilleux, que le temps ne saura dissoudre.

Jusqu'ici, j'ai croisé beaucoup de personnes qui n'osaient pas rire de tout, de peur de mal s'y prendre, de blesser sans le vouloir. A mes yeux, il faut savoir rire de chaque détail anodin de notre existence comme des graves accidents que l'on peut rencontrer.

Aujourd'hui, j'aimerais te raconter certains événements, histoire de te prouver que le rire soigne bien des maux. Parce que l'humour a été une de mes plus belles thérapies.

Lorsque j'écris ces lignes, des souvenirs me reviennent en mémoire. Je me souviens de cette soirée d'internat, où Eve m'avait demandé, toute souriante, combien je mesurais sans mes prothèses. C'est en riant à gorge déployée qu'elle m'avait mesurée, à l'aide d'une règle de vingt centimètres. Nous avions fini cette soirée légères, comme si rien ne pouvait plus nous atteindre.

Je me rappelle cette autre soirée, où avec mes quatre amies d'internat, nous avions eu une idée de génie : faire une vidéo comique sur l'expression prendre les jambes à son cou. Nous nous étions retrouvées dans les couloirs, à courir comme des imbéciles : Audrey avec mes prothèses à son cou, et moi, essayant en vain de la rattraper.

Ce soir-là, plus que jamais, allongée dans mon lit, je me suis dit : à quoi bon pleurer lorsqu'on peut vivre ?

Il me faut aussi te parler de ces stages de natation handisport, où notre entraîneur passait ses journées à balancer je ne sais quelles vannes sur nos différents membres en moins. Un après-midi, avant de retourner nager, Jade m'avait demandé s'il m'était possible de courir sans mes prothèses. En quelques secondes, j'étais par terre, à relever ce défi insensé. Le hic, c'est que j'étais ridicule. En plus de ça, je n'avais pas su m'arrêter, j'avais donc fini ma course stoppée par la porte de notre chambre. Après ça, on avait ri à en faire trembler les murs, à en réveiller les autres. J'avais ri, à en pleurer, à en avoir mal au ventre. Il paraît que ce sont les symptômes du bonheur.

Alors aujourd'hui, pour tous ces éclats de rire qui ont résonné, j'aimerais remercier ces personnes qui ont su transformer mes larmes en une joie intense. Les remercier d'avoir changé ma vie du tout au tout, parce qu'ils m'ont appris que rien n'est si grave. Parce qu'ils m'ont appris que je suis petite, que je ne sais pas courir, mais que le bonheur réside ailleurs.

J'ai ri,
De tout,
Mais surtout de moi.

J'ai ri de mes difficultés,
Plutôt que de m'en plaindre.

J'ai ri de mon instabilité,
Pour la mettre un peu de côté.

J'ai ri à gorge déployée,
Plutôt que de me noyer dans mes chagrins.

Le rire a chassé les nuages de mon ciel,
L'humour a allégé ce poids,
Qui écrasait mon cœur,
Et épuisait mes épaules.

Chapitre 19 : Des larmes de joie

Je reviens de Strasbourg, où avaient lieu les championnats de France de natation.

Vois-tu, cher journal, je travaille d'arrache-pied pour atteindre mon objectif depuis plusieurs mois maintenant. Et aujourd'hui, dimanche vingt-huit mai, je peux enfin serrer la victoire dans mes bras. Et pour cause, je viens de battre le record de France du cent mètres dos dans ma catégorie de handicap. Tu réalises ce que ça veut dire ? C'est magique. Il y a comme un feu d'artifice dans mes pensées, et moi, je suis ébahie devant ce spectacle.

Je me suis imaginée des centaines de fois ce moment, mais il n'y a pas à dire, il est bien plus euphorique que je pouvais le penser. Après avoir touché le mur, je laisse les larmes m'envahir. Lucie, qui vient de nager à mes côtés, me demande immédiatement : « *Tu l'as fait ?* » Je n'ai pas réussi à lui répondre, trop émue, trop épuisée. Elle m'a prise dans ses bras (même si elle n'en a qu'un seul), et à cet instant précis, j'aurais aimé arrêter le temps. Je suis bien. La distance entre nous s'est effacée. Mes efforts payent enfin. On me félicite et moi je pleure, je pleure. Mon bonheur n'a jamais été si grand.

A cet instant précis, je me dis que mes chutes passées ont un sens. Je me dis que l'acharnement n'a pas été vain. Je me promets alors de ne plus jamais baisser les bras pour un podium raté, une course mal gérée, une journée sans, une année à pleurer. Dès ma sortie du bassin, je me sèche et j'appelle mon frère, qui ému, me dit : « *Je te l'avais dit que ça paierait.* » Et il a raison.

Il y a eu ces nuits à broyer du noir, ces retours de compétition où mon corps tout entier était secoué de sanglots, ces instants où je ne croyais plus à son fichu espoir. Mais il avait raison. Aujourd'hui, plus que jamais, j'en suis certaine.

Malgré ces débordements de joies je suis nostalgique ce soir.

La fin du lycée arrive à grands pas. On va nous jeter la tête la première dans le monde des adultes, alors que moi, j'aimerais arrêter le temps, mettre ma vie sur pause.

Alors en cette journée d'été, je dédie ces mots à ceux qui ont rendu mon année plus belle, à ceux qui ont été ma bouée de sauvetage, mon pansement miracle.
Je dédie ces mots à Flo, Audrey, Eve, Eugénie, qui ont ensoleillé chacune de mes soirées. Parce qu'elles m'ont fait pleurer de rire, elles méritent bien quelques mots, témoignant de cette amitié qui nous lie. Parce que j'en avais parfois marre de l'internat, mais jamais d'elles.

Je dédie ces mots à Andréa qui nous a supportées, moi et ma fatigue, moi et mes blagues à deux balles. J'écris pour ne pas oublier, nos éclats de rire en plein cours, nos conversations sérieuses ou non. J'écris pour ne pas oublier, qu'elle a été là quand j'en avais besoin, quand j'étais souriante ou quand je l'étais moins. Parce qu'Andréa, elle a été mon infirmière particulière après le départ inattendu de Lili à l'autre bout de la France. Andréa, elle a pansé les plaies que je n'osais montrer, sans même s'en rendre compte.

Vois-tu, elle est le genre de personnes qui me dit de courir alors qu'elle sait pertinemment que j'en suis incapable. Elle est du genre à me parler de greffes de jambes en plein cours de mathématiques. Elle est du genre à me balancer des blagues pourries sur mon handicap, qui me feraient rire inlassablement. Elle est de ces personnes naturelles, qui se fichent bien que j'aie des membres en moins. Elle est de celles qui ont compris que je préférais rire de tout, plutôt que de pleurer pour rien.

Je dédie ces mots à Solène, qui a supporté mes plaintes en cours d'anglais, même si se plaindre est inutile. Parce qu'elle m'a écouté parler de ma vie quand elle devait travailler, parce qu'elle a le don de me faire sourire en un message quand le ciel s'effondre.

Je dédie ces mots à ceux qui ont nagé à mes côtés, en compétition ou en entraînement. A ceux qui étaient là, par leur présence ou par leurs messages, lors du plus beau moment de ma vie au bord des bassins. Et même si pour certains, ce record de France peut paraître être une goutte d'eau dans une carrière de sportif, pour moi c'est un réel accomplissement.

Je le sais, après mon dernier entraînement, je vais avoir du mal à retenir mes larmes. Parce que depuis tout ce temps, dans mes deux clubs, je me suis sentie soutenue, ils m'ont portée vers les étoiles. Parce qu'ils m'ont donné envie de me battre quand mon corps voulait déposer les armes. Par-dessus tout, je dédie ces mots à mon entraîneur, qui m'a appris à devenir une vraie athlète, qui n'abandonne pas malgré les larmes. A nos éclats de rires le vendredi soir, à nos embrouilles parfois inutiles, à nos conversations sans queue ni tête, à ce sport merveilleux, à ces rencontres que je n'oublierai pas.

Je dédie ces mots, à ces profs, qui m'ont parfois fait oublier la fatigue des journées de cours. A ces adultes au grand cœur qui m'ont donné envie d'avancer.

Je crois que ces personnes résument bien ces trois années de lycée. Il y a une chose dont je suis certaine, c'est que j'ai été heureuse, en dépit des départs, des échecs, des chutes, des mots parfois durs à avaler, des regards encore durs à supporter. Parce qu'on m'a parfois renvoyé mon handicap en pleine figure, mais que plus que jamais, j'ai aimé en rire. Dans ce chemin périlleux qu'est l'adolescence, j'ai connu une nouvelle Laura, encore plus pétillante, débordante de joie.

J'ai toujours été,
Une grande nostalgique,
Une reine du spleen,
Une professionnelle de la mélancolie.

J'ai toujours soupiré,
Face à ces joies trop vite envolées,
Face à cet amoncellement de souvenirs,
Face à ces départs qui me laissaient un goût amer.

Je me suis toujours attachée aux photos,
Aux souvenirs,
Par peur qu'ils ne m'échappent.

Alors j'ai écrit.

J'ai écrit mes souvenirs,
Par peur qu'ils tombent dans l'oubli.

J'ai écrit mes souvenirs,
Pour ne pas oublier,
L'intensité du bonheur,
La violence d'un cœur brisé,
La beauté de la vie.

Chapitre 20 : Confidences

Ça fait un moment que je ne suis pas venue me confier à toi. Je ne saurai t'en expliquer les raisons. Mes pensées étaient bien trop emmêlées, les mots se dérobaient.

Je viens de finir ma première année de fac en psychologie. Eh oui, j'ai déjà dix-huit ans, le temps passe bien trop vite à mon goût. D'ailleurs, j'aimerais y retourner, à mes dix-huit ans. C'était une soirée de novembre, le ciel était dégagé, resplendissant d'étoiles. Toutes mes amies étaient là pour faire la fête, le bonheur était imprégné dans l'air. Une soirée que je ne suis pas près d'oublier !

Je m'égare, encore une fois.
Je t'avoue que le domaine de la psychologie me passionne, je crois que j'ai ça dans le sang, cette envie d'aider les autres à combattre l'adversité, à rallumer la lumière. J'ai hâte de pouvoir exercer, d'avoir mes propres patients, de connaître leur histoire et leurs blessures sur le bout des doigts. Il me tarde de guérir les hommes du Malheur, ou tout du moins d'essayer.

Cette année n'a pas été la plus belle, sans pour autant être atroce. Malgré tout, il y a eu des soirs où l'envie de tout abandonner était plus forte que tout. Le rythme était intense, je n'arrivais pas toujours à suivre. Il me fallait marcher, toujours marcher. Marcher pour aller nager, marcher pour rentrer chez moi, marcher pour me rendre chez le kiné, marcher pour aller en cours. Marcher exténuée, mais marcher quoi qu'il arrive.

Je t'ai écrit plus d'une fois que j'avais accepté le handicap et je ne reviendrai pas dessus. Mais le problème n'est pas d'être dépourvue de mes jambes, le problème c'est les douleurs que ça engendre. Le problème, c'est cette douleur qui surgit bien trop souvent dans ma cuisse, à l'improviste. Le problème, ce sont ces montées qui me semblent trop souvent interminables, à tel point que j'arrive en haut le souffle court. Le problème, c'est cette chaleur suffocante à l'intérieur de mes prothèses au moindre effort. Le problème, ce sont les regards de tous ces gens qui ne me connaissent pas. Le problème, c'est cette fatigue accumulée que les séances de kiné ne parviennent plus à calmer.

Mais tu me connais, je garde le sourire, à quoi bon pleurnicher ?

Oh, j'allais oublier de te dire ! Il y a un mois, j'ai couru pour la première fois de ma vie. Je suis d'accord, ça paraît anodin dit comme ça, mais pour moi, ça ne l'est pas. Moi qui peine parfois à dompter mes prothèses trop indociles, au bout de trois heures d'acharnement, j'ai réussi à courir une quinzaine de mètres avec des prothèses d'athlétisme.

Pourtant, qu'importe la joie ressentie à cet instant, la natation restera à jamais la passion qui m'anime. J'aime ces rencontres faites au bord des bassins, qui restent logées dans mes pensées éternellement. J'aime ces émotions trop intenses qui me traversent le corps après avoir parcouru cent mètres. Et cette année encore, c'est au bord des bassins que j'ai ressuscité mon espoir.

J'ai connu un nombre incalculable de douleurs,
Mais quand je pense enfin toutes les connaitre par cœur,
Elles parviennent encore à me surprendre.

J'ai connu cette douleur qui paralyse le corps,
Et tétanise le cœur.
Cette douleur sans nom, que personne ne comprendrait.

J'ai connu la douleur fulgurante,
Celle qui surgit sans crier gare,
Au beau milieu de nulle part.
Cette douleur qui te donne envie d'hurler, de t'arracher un membre.

J'ai connu la douleur quotidienne,
Celle qui s'installe durablement,
Confortablement, irrémédiablement.

Il y a certains instants,
Où les douleurs s'entassent,
Où les crises s'amoncellent.
Certains instants,
Où même mon ombre souffre le martyr.

Ma douleur,
C'est le pire des handicaps,
La plus violente des maladies,
Le plus cruel des poisons.
Et pourtant, je suis toujours debout. Affaiblie mais vivante.

Chapitre 21 : Coups de blues

Aujourd'hui j'en ai marre. Pas au point de me poignarder la poitrine d'un coup sec, ni de me jeter sous les roues d'un camion blindé. Pas au point de me laisser tomber du haut d'un building, ni d'ingurgiter médocs sur médocs. Mais tout de même, j'en ai marre.

Parce que même si j'ai appris à accepter cette différence qui est la mienne depuis toujours, elle devient parfois un poids trop lourd à porter, une charge qui me fait courber le dos.

Ce que je veux dire c'est qu'il y a des jours où j'aimerais être comme les autres, comme tous ceux qui m'entourent. Parce que moi, je ne supporte plus. Je ne supporte plus de sentir mes cuisses se noyer dans la chaleur suffocante de mes prothèses. Je ne supporte plus ces soirées à ne pas pouvoir danser en permanence comme tout adolescent digne de ce nom. Je ne supporte plus ces douleurs qui me tiraillent lorsque je marche durant un long moment. Je ne supporte plus de ne pas pouvoir courir pour avoir une bonne note en sport. Je ne supporte plus d'être toujours sur le banc de touche, lors des matchs de basket. Je ne supporte plus d'être essoufflée après quelques minuscules et ridicules marches.

Plus je grandis, plus je hais cette société qui est la mienne. Parce qu'aujourd'hui, il me faut justifier mon handicap en permanence, et même ça, ce n'est parfois pas suffisant. Je me souviens de ce lundi de l'année 2019. Je revenais d'un week-end chez mes parents, comme toutes les semaines. J'étais déjà épuisée, avant même que la semaine ne débute. J'avais pris le train, aussi peu accessible qu'il l'était d'habitude. A l'arrivée du train, je devais descendre une vingtaine de marches, absence d'ascenseur oblige. J'étais arrivée au tramway essoufflée, comme souvent. Je m'étais dirigée vers les places réservées aux personnes à mobilité réduite, puisque bien sûr, j'en avais le droit. Quelques arrêts plus tard, une femme d'une quarantaine d'années s'était dirigée vers moi, me demandant ma place, sans aucune mesure de politesse. Essayant de m'affirmer et de ne pas céder comme je le faisais parfois, je lui avais gentiment répondu que j'avais besoin de cette place. Elle m'avait rétorqué qu'il y avait une place debout juste à côté, s'énervant de plus en plus. Je ne m'étais pas pliée à sa demande, lui disant que non, j'avais le droit de garder ma place et je la garderai. Elle avait fini par s'en aller, soupirant et ronchonnant. Tous les regards étaient braqués sur moi. C'est sûr, dans l'esprit de plus d'un je passais pour la jeune irrespectueuse, en pleine forme, qui volait sa place à d'autres. La semaine commençait bien… !

Et puis il y a eu toutes ces fois, où par peur de tomber sur quelqu'un d'un peu trop stupide, j'étais restée debout durant tout le trajet, n'osant pas demander une place assise.

Je me demande parfois si quelqu'un comprend mon regard vide, mes soupirs répétitifs. Je me demande si quelqu'un peut comprendre, parce que je te l'avoue, moi-même des fois je ne comprends pas bien ce qu'il m'arrive. Puis je finis par me dire que non, personne n'entrera jamais dans mon esprit bordélique, personne ne se faufilera jamais dans mon corps. Personne ne comprendra jamais l'entièreté de mes douleurs, c'est un combat que je dois mener seule. Ce n'est pas toujours simple, de me dire que personne d'autre que moi ne pourra ressentir mes douleurs. Mais on s'habitue à tout, pas vrai ?

Par-dessus tout, j'ai peur. J'ai peur de n'être jamais Quelqu'un. J'ai la folle impression que je serai toujours un Handicap avant tout. Je serai toujours cette gamine qui marche bizarrement, cette fille qui menace de tomber lorsque le chemin est trop tortueux. Pourtant, j'aimerais qu'on me remarque pour autre chose que pour ma démarche bancale. J'aimerais frapper les esprits à l'aide de mon sourire, j'aimerais que dans la rue, on me regarde parce que je respire la bonne humeur.

Mais je serai toujours celle qui se gare sur les places bleues au supermarché, celle qu'on regarde lorsqu'elle descend de sa voiture, parce que tu comprends, les gens handicapés ça intrigue, alors on observe de la tête aux pieds, quitte à blesser.

Ce que je voudrais, c'est que la différence dans son intégralité ne soit plus un sujet tabou. Je voudrais qu'on puisse en rire. Parce que oui, j'en ai marre qu'on me dise que ça doit être dur, comme si j'allais mourir demain. Je veux qu'on se mette à ma place, mais pas trop. Je veux qu'on m'écoute me plaindre, mais pas trop. Je veux surtout qu'on plaisante de ma déficience qui est aujourd'hui ma force, qu'on me dise de prendre mes jambes à mon cou, qu'on me crie « *à deux pieds* » en s'esclaffant. (Et je remercie ceux qui l'ont fait et qui continuent de le faire).

Moi, je fais (presque) abstraction des regards et des remarques qu'on me lance. Pourtant, quand il me faut ôter mes prothèses sur des plages bondées d'inconnus, le malaise est bien là. Alors j'aimerais que les choses changent, pour ceux qui ne s'aiment pas, pour ceux qui sont fêlés de l'intérieur. Tu vois, il y a quelques années, une amie à moi n'osait pas porter de débardeurs, de peur d'afficher son bras en moins. Et ça me faisait mal pour elle. Parce que les gens s'offusquent, les gens rient, les gens font les gros yeux comme s'il s'agissait d'un vulgaire numéro de cirque.

Les hommes regardent, je l'accepte. Les hommes prennent pitié, ça m'insupporte. Les hommes se moquent, ils m'exaspèrent. Les hommes ne savent pas, ça me rend triste.

Les gens normaux peuvent aller à la plage, marcher sur le sable chaud, mettre les pieds dans l'eau et apprécier la fraîcheur de la mer en plein été.
Les gens normaux peuvent rester debout dix minutes sans avoir un terrible mal de dos, à en pleurer parfois. Mieux encore, ils peuvent assister à un concert au premier rang, danser, profiter, sans en souffrir sur le moment, voire quelques jours après.
Les gens normaux peuvent descendre seuls des escaliers, sans avoir besoin d'une rampe ou même de quelqu'un.
Les gens normaux peuvent porter des robes ou des jupes sans se faire dévisager par chaque personne qu'ils croisent. Ils ont la capacité de passer inaperçus dans la rue.
Les gens normaux peuvent presser le pas pour monter dans le bus, sans

avoir l'impression de mourir essoufflés par la suite.

Les gens normaux peuvent marcher des heures pour profiter des paysages montagneux, savourer la vue.

Les gens normaux peuvent acheter n'importe quelle chaussure ou presque, peuvent enfiler un pantalon à toute vitesse sans se fatiguer.

Les gens normaux n'aiment pas faire le ménage, mais le font pourtant avec facilité, qu'importe leur état de fatigue.

Je n'en fais et n'en ferai jamais partie.

Ce n'est qu'un coup de blues parmi tant d'autres, un coup de blues qui assomme mon bonheur.

Hier, en lisant Racine, une phrase m'est restée en tête : *« Je me plains de mon sort moins que vous ne pensez. »*

Et soudain je me suis demandé si Racine avait voulu me décrire en ces lignes. En vérité, il m'arrive de me plaindre, de dire que je suis fatiguée, que j'ai mal au dos, aux cuisses, aux bras, et j'en passe. Mais à vrai dire, je me plains le moins possible.

Moi je suis plutôt de celles qui incitent les autres à positiver, qu'importe nos faiblesses, nos maux et nos cicatrices.

Il faut bien que je suive mes propres conseils. Alors quand la douleur me met au tapis, me fait ramper six pieds sous terre, je ris aux éclats.

La plainte n'apporte jamais rien de bon. Je continue toujours à aller de l'avant, qu'importe si le diable me tire en arrière.

Ma devise ? Chaque averse annonce une accalmie, proche ou lointaine. Dans ce cas, ne craignons pas de vivre sous la pluie, le beau temps reviendra.

On me demande souvent, « ça fait quoi d'être handicapée ? »

Être handicapée,
C'est ne jamais se sentir complètement à la hauteur,
Et pas seulement à cause de nos centimètres en moins,
Ou des membres qui nous font défaut.
C'est ne jamais se sentir complètement à la hauteur,
Et se donner mille fois plus, pour briller ne serait-ce qu'un peu.

Être handicapée,
C'est douter tout le temps, c'est douter démesurément.
C'est douter parce que les autres ne sont pas comme nous,
Parce que les autres ne comprennent rien du tout.

Être handicapée,
C'est aimer sa particularité,
Tout en haïssant sa différence.
C'est aimer marcher à contre-sens,
Mais vouloir parfois rentrer dans le moule.

Être handicapée,
C'est vouloir montrer que rien n'est impossible,
Mais redouter l'échec.
C'est vouloir rayonner,
Mais subir mille averses.

Être handicapée,
C'est redouter les chutes mais continuer de marcher.
C'est souffrir mais continuer d'aimer la vie.
Être handicapée c'est déambuler sur un fil tout en craignant qu'il se rompe.

<u>Chapitre 22</u> : Troisième année de licence, à quand la fin ?

Je suis au milieu de ma troisième année de licence. Les cours me passionnent toujours autant, même si ce n'est pas le cas pour tous. Les choses n'ont pas beaucoup changé depuis la première et la deuxième année. Enfin si, les cours sont beaucoup plus intenses. La sélection en master se profile et nous oblige à nous dépasser, à travailler deux fois plus. L'angoisse d'échouer est bel et bien présente mais l'envie de se surpasser prend le dessus. Qui dit études au premier plan, dit que la natation a dû passer au second. Évidemment, le choix de mettre le sport de côté n'a pas été le plus évident, mais je savais au fond de moi que je devais me consacrer à mon avenir. Cette année, je ne nage plus qu'une à trois fois par semaine. J'ai dû quitter mes amies et mon entraîneur de l'an dernier, c'est probablement ça qui a été le plus dur.

L'an dernier n'a pas été simple, je m'entraînais chaque jour à un rythme effréné, au point de craquer complètement à la fin de la saison, physiquement et émotionnellement. Mais malgré une fatigue prédominante, j'aimais aller à la piscine. J'aimais rire avec mes camarades après une journée à la fac. J'aimais me changer les idées et parler pendant de longues minutes dans les vestiaires. J'aimais la bonne humeur permanente de Ramzi, lors des bons comme des mauvais moments. J'aimais notre solidarité pendant les gros entraînements. C'est ce qui me manque le plus aujourd'hui : l'esprit d'équipe, même dans un sport individuel comme la natation.

La natation m'a tant apporté, tant sur le plan relationnel que sur le plan personnel. Nager m'a permis de construire mon identité, de renforcer ma confiance en moi, d'accepter mon image corporelle, de me dépasser, d'avoir des buts. Aujourd'hui, je n'ai plus les mêmes buts, plus la même passion. L'envie de nager s'est dissipée petit à petit, ne disparaissant jamais complètement. Une page s'est tournée, mais le point final n'a pas encore été écrit, qui sait s'il le sera un jour ?

Si je suis sélectionnée, j'irai en master de psychologie clinique l'année prochaine. Ce qui signifie qu'il me reste encore deux ans et demi à étudier. Je sais que j'en verrai un jour le bout, mais ça commence malgré tout à être long. J'ai hâte de travailler, d'être une psychologue expérimentée, d'être la main tendue de ceux qui en ont besoin. J'ai hâte d'avoir des patients que je retrouverai toutes les semaines et de suivre leur évolution.

En quatre mois, l'ascenseur a déjà été en panne un nombre incalculable de fois. J'ai fait avec, je n'avais pas le choix. Malgré tout, j'ai tant de fois haï cette société, qui traîne lorsqu'il s'agit d'inclusion des personnes handicapées ; cette société qui nous oublie. J'ai haï la fac qui ne me facilitait pas les choses, pour cette année qui était compliquée pour tout le monde. J'ai haï la fac parce que je savais combien j'étais désavantagée pour me rendre en cours. J'ai haï la fac pour toute cette fatigue accumulée, qui aurait pu être évitée.

Parfois,
Le quotidien est harassant,
Mes cernes s'allongent,
S'allongent,
S'allongent.

Parfois,
J'aurais besoin d'une pause,
Car le temps court trop vite pour moi,
Je suis essoufflée.

Parfois,
J'aurais besoin d'une pause,
Car le manège de la vie,
Me donne le tournis.

Laissez-moi,
Respirer.
Prendre le temps.
Apprécier,
Les jours qui passent,
Et ne reviennent pas.

Chapitre 23 : Pas de moi sans eux

Je parle beaucoup de moi dans ces lignes, peut-être trop. Mais avant le point final, il me reste encore un peu d'amour à coucher sur papier.

Ce que je veux dire par là, c'est que seule, je n'aurais jamais escaladé ces montagnes qui me barraient la route. Je n'aurais pas su être mon propre médecin, ma béquille, ma dose d'espoir. Non vraiment, sans eux, j'aurais échoué là où j'ai réussi, j'aurais pleuré là où j'ai souri.

En écrivant ces mots à l'encre de mon bonheur, je pense à eux. Je pense à ceux qui ont partagé mes jours, ceux qui ont hanté mes nuits. Je pense à ceux qui ont fait couler mes larmes, et m'ont offert de nouvelles armes, sans même s'en apercevoir. Je pense à ceux qui ont détruit ma carapace pour la transformer en armure. Je pense à ceux qui m'ont légué quelques souvenirs, de ceux qui déchirent le cœur à n'importe quelle heure. Je pense à ceux qui sont partis aussi vite qu'ils sont arrivés, ceux qui sont passés comme un coup de vent pour se transformer en ouragan. Parce que certains ne sont pas faits pour rester, qu'on le veuille ou non.

Je pense à ceux, qui ont surmonté le tremblement de terre de ma naissance.
A ma mère, la pièce maîtresse du puzzle, la forteresse qui me protège des coups de la vie. A ma mère, qui a pleuré de désespoir, puis qui, quinze ans plus tard, a renfloué mes stocks de sourire. A ma mère, qui à défaut de m'avoir offert des jambes, m'a donné tout son amour. A ma mère, qui a soigné mes peines de cœur, quand les larmes inondaient

son pyjama. A ma mère, que j'aime d'un amour inconditionnel et même plus. Je pourrais écrire des jours entiers sur elle, mais elle en mériterait toujours plus. Je pourrais lui dire mille fois je t'aime, cela serait toujours trop maigre face à ce que je ressens. Quoi qu'il puisse m'arriver, je sais qu'elle sera là. Et quoi qu'il puisse lui arriver, je serai là.

A mon frère, qui par ses mots, a balayé mes maux. A mon frère, à nos parties de Mario Kart pouvant durer des heures, à nos chamailleries, à nos nombreux messages. A mon frère, qui a toujours agi comme si le handicap n'était qu'une poussière dans le désert. A mon frère, qui n'a jamais cessé d'être présent, en dépit de la distance qui s'est immiscée entre nous. J'avoue que lorsqu'il a quitté la maison, j'ai pleuré des torrents de larmes. Mais c'était un mal pour un bien puisque le revoir est toujours un grand bonheur.

A mon père, qui malgré les bas, a toujours su me tirer vers le haut, me porter, au sens propre comme au figuré. A mon père, qui ne m'a jamais ramassée lorsque je tombais, pour mieux m'apprendre à me relever. A mon père, qui continuait de crier au bord des bassins alors que je n'entendais rien. A mon père, qui a toujours cru en moi, sans me le dire parfois.

A mes grands-parents, qui ont beaucoup pleuré à ma naissance mais qui m'ont aimée encore plus. A ma famille et à nos repas chaleureux, qui sont une parenthèse merveilleuse dans le quotidien.

Je pense à ceux, qui ont parcouru plus ou moins de chemin à mes côtés, qui m'ont porté sur leur dos lorsque je peinais trop. A tous ces amis, qui m'ont lâchée sans trop s'en apercevoir. A tous ces anges qui ont su me remettre sur le droit chemin quand je venais à dérailler. A tous ceux, qui dans l'eau, m'ont donné l'envie de me dépasser et par-dessus tout l'envie de vivre. A tous ceux qui ont cru en moi, plus que moi-même parfois. A tous ceux qui sont cités ou non dans ces quelques chapitres. A tous ceux qui parcourent ces lignes, et que je n'oublie pas.

« *Quand on aime on n'oublie pas* », a chanté un chanteur que j'affectionne particulièrement. Et j'ai aimé. J'ai aimé ma vie, et tous ceux qui l'ont rendue plus belle.

Avant le point final, j'aimerais parler encore un peu d'amour, celui qui t'enveloppe le cœur, te noue la gorge parfois, et surtout te fait sentir vivant. J'aurais peut-être dû me méfier de ce sentiment ravageur, mon cœur en a payé les frais trop souvent, à tel point qu'aujourd'hui il est orné de fissures. J'ai aimé, sûrement trop intensément, perdant le contrôle plus d'une fois. J'ai aimé de loin, mais j'ai aimé entièrement. J'ai passé des heures entières à écrire sur ces amours diaboliques. Qu'importe s'ils ne liront jamais mes mots, j'ai pu sublimer mes sentiments, j'ai pu mettre en mots le manque qu'ils m'ont laissé sans même s'en apercevoir. Mais l'important est que je n'oublierai jamais. Je n'oublierai jamais mon premier amour, mon premier slow, ses premiers je t'aime. Je n'oublierai jamais combien l'amour est dévastateur mais combien il peut réparer parfois. Je n'oublierai jamais à quel point j'ai cru mourir d'amour, mais surtout à quel point je me suis sentie vivante en les aimant.

Je n'oublierai jamais certains de nos éclats de rire, qui résonnent encore en mon âme parfois, même des années plus tard. Je n'oublierai jamais leurs prénoms, leurs regards dans lesquels j'avais pris la fâcheuse habitude de me perdre. Je n'oublierai pas combien j'ai pu aimer, à m'en oublier parfois. En dépit de la solitude ressentie à trop aimer, je pourrais passer des heures et des heures à clamer combien l'amour est beau, combien l'amour est fort, combien il donne envie de vivre.

Mais par-dessus tout, j'ai connu l'amitié. J'ai connu de ces amitiés qui forgent, de ces amitiés qui font oublier tout le reste, de ces amitiés qui ne meurent jamais, qu'importe le temps passé sans se voir. De ces personnes à qui tu peux tout dire, de celles que tu peux appeler à n'importe quelle heure du jour ou de la nuit, de celles qui parviennent à te faire rire, qu'importe combien tu avais envie d'exploser en sanglots quelques minutes avant. De celles qui te marquent à tout jamais, de celles pour qui tu donnerais tout, de celles qui seront là pour partager toutes tes peines mais surtout toutes tes joies.

Merci à tous ceux,
Qui m'ont ouvert leur porte,
Quand ma demeure avait été dévastée,
Par le séisme de mes pensées.

Merci à tous ceux,
Qui ont cru en moi,
Alors que je n'avais plus foi en rien,
Et surtout pas en moi-même.

Merci à tous ceux,
Qui m'ont poussée à avancer,
Alors que j'aurais aimé faire demi-tour.

Merci à tous ceux,
Qui me montrent les merveilles de la vie,
Quand je ne vois plus que ses coins d'ombre,
Ses côtés sombres.

Merci à tous ceux,
Qui marchent à mes côtés,
Craignant mes chutes,
Mais sachant que je me relèverai toujours.

Merci à tous ceux,
Qui me tendent la main,
Et m'accompagnent vers demain.

Chapitre 24 : J'aurais encore tant à écrire

Il y aurait encore tant à écrire, je pourrais y passer des jours et des nuits. Malheureusement, le temps a balayé les détails de certains de mes souvenirs, ne les faisant pas disparaître pour autant.

Il y a eu ces cours de sport où je restais sur le bord du terrain à me lamenter, et ceux où mes professeurs se démenaient pour me faire participer d'une manière ou d'une autre. Il y a eu ce jour où mes camarades avaient voulu jouer au foot, oubliant que je ne pourrais pas participer, même avec la plus grande volonté du monde. Ils avaient alors compris et avaient tenté par tous les moyens de faire renaître mon sourire. Comme à chaque fois.

Il y a eu ces midis de Fac avec Honorine, à se retrouver avec plus ou moins de mal, à se réconforter l'une et l'autre dans les moments difficiles. Ces midis à parler natation, amitié, peines de cœur. Ces midis à parler de tout et de rien, et à ne pas voir le temps défiler. La vie nous a éloignées quelques temps elle et moi, ne nous séparant jamais complètement. Elle est de ces amitiés qui résistent à tout, et qui je l'espère, résistera encore longtemps.

Il y a eu des voyages scolaires à Samoëns et à Londres, des instants hors du temps. Il y a eu des rires dans le musée Tussaud, malgré les larmes de fatigue de la veille. Il y a eu des sourires resplendissants entre ces splendides montagnes de Haute-Savoie. Il y a eu des moments de vie semblables à un songe irréel.

Il y a eu des cross du collège, à tenter de courir malgré tout, qu'importe combien je pouvais être ridicule vue de l'extérieur. En classe de quatrième, je m'étais surpassée comme jamais, m'effondrant d'épuisement à l'arrivée. Mais j'étais heureuse, plus que jamais. Je m'étais dépassée, pour moi-même et pour ma classe, pour empocher la victoire. Nous étions plus soudés que jamais et cette victoire signait le sommet de cette merveilleuse année. Cette année a été faite d'éclats de rires incontrôlables, de bêtises d'adolescents inoubliables, qu'importe combien les profs ont pu nous haïr.

Il y a eu des années d'écriture sur les réseaux sociaux, à espérer être lue mais surtout entendue. Des nuits entières à écrire mes peines, à me sentir moins seule. Des jours et des jours à lire les maux des autres, à se sentir liés par une force invisible. Des dizaines de mois à construire des amitiés à distance, certaines perdurant encore aujourd'hui. Des milliers de messages plus tard, je sais que je peux compter sur Clem au moindre coup dur. Les réseaux sociaux font parfois des miracles, l'écriture encore plus. Clem, c'est celle à qui j'écris, au moindre coup de blues, mais surtout au moindre sourire.

Il y a eu des douleurs presque impossibles à supporter. Je me souviens de ces jours à la fac, à serrer les dents pendant deux heures pour ne pas sortir en plein milieu du cours. Je me souviens de ce jeudi où je suis rentrée chez moi et où j'ai explosé en sanglots après avoir tu ma souffrance toute la matinée. Je me souviens de cette nuit de septembre dernier à n'avoir pas fermé l'œil faute à ces coups de jus qui parcouraient ma cuisse. Ces coups de jus qui me mitraillaient sans discontinuer. Je me souviens qu'à cet instant-là, je voulais m'arracher ce qu'il me restait de ma cuisse, juste pour que la douleur cesse et que je puisse souffler. Parce qu'il y a de ces douleurs qui me coupent la respiration bien trop souvent. De ces douleurs dont je ne parle pas, de peur de me heurter à un mur d'incompréhension.

Il y a eu des concerts de mes chanteurs préférés. Des instants magiques, presque irréels. Deux heures à sourire, à être émue aux larmes, à chanter à tue-tête et à oublier tout le reste. Des dizaines de concerts au premier rang, à avoir mal au dos mais à profiter à cent pourcents qu'importe le reste.

Il y a eu de nombreux podiums en natation, des podiums partagés avec des personnes merveilleuses, plus que ça même : des amies. Un podium est ce qui existe de plus beau dans le milieu du sport, mais un podium partagé a ce caractère irréel et magique impossible à décrire.
Il y a eu des repas de gala après les compétitions, où même épuisés, même handicapés, nous dansions à n'en plus pouvoir. C'était si beau de vivre dans l'instant, d'oublier que la terre tournait, d'oublier nos quotidiens. De vivre, tout simplement.

Il y a eu plusieurs périodes de confinement, puis un retour progressif à la vraie vie. Durant le confinement, j'ai cessé de nager. Pendant un an, je pensais mettre un point final à ma carrière de nageuse. Je pensais être arrivée au bout, mon corps et mon esprit n'en pouvaient plus. La passion s'était évaporée au fil du temps, je pensais ne plus être faite pour ça. Puis, quand les piscines ont fini par ouvrir de nouveau, j'ai eu envie de replonger. Peu à peu, j'ai retrouvé le goût de l'eau, le goût de la compétition. Comme avant, je m'entraîne cinq fois par semaine, mais avec un plaisir décuplé. Cette fois, je me fais la promesse de ne plus perdre l'envie de nager. Bien sûr, j'espère performer de nouveau, progresser au mieux. Mais j'ai compris que ce n'était pas le plus important. L'essentiel est d'aimer ce que je fais. Aimer me rendre à l'entraînement chaque soir, aimer observer le coucher de soleil pendant l'échauffement, aimer glisser dans l'eau, aimer rire entre deux séries, aimer prendre des douches brûlantes, aimer rencontrer des personnes qui ont les mêmes intérêts que moi.

Il y a eu des défis fous réalisés. Parce qu'à vingt et un an, j'ai décidé d'apprendre à courir. Il a d'abord fallu me procurer des prothèses de courses, des lames adaptées à ma morphologie. Puis, il a fallu tout apprendre. Tenir debout. Marcher. Sauter. Régler la prothèse quand elle faisait des siennes. Et enfin, courir.

On me demande souvent ce que je ressens, depuis que j'apprends à courir. J'ai toujours du mal à répondre. Je dirais que je me sens libre. Je dirais que je suis comme une gamine à Noël, ébahie mais concentrée. Concentrée oui, parce qu'à la moindre distraction, la chute me guette.

Je ne peux pas encore courir un marathon. Au bout de deux cents mètres, tous mes muscles sont tétanisés, et je peine à respirer. Mais qu'importe, c'est pour moi une de mes plus grandes victoires face au handicap.

Il y a eu le cancer de ma mère, qui m'a brisé le cœur violemment et subitement. Une des pires épreuves de ma vie, bien plus déchirante que le handicap que je dois supporter tous les jours. Parce que de la voir sur un lit d'hôpital était inimaginable, et parce que sa souffrance devenait mienne en un regard. Mais on a surmonté ça ensemble. Main dans la main.

Il y a eu le décès de mon grand-père, des milliers de larmes, des mots difficiles à prononcer, des silences assourdissants. Mais malgré la douleur immense que m'a laissé son départ, je sais qu'il sera à jamais dans mon cœur et dans celui de ma mère. Ça a allégé quelque peu le poids de son absence.

Je ne savais plus qui j'étais,
Où j'allais, ni même pourquoi,
Alors j'ai écrit.

Quand mon cœur menaçait d'exploser,
Quand mes pensées tournaient autour de toi,
Je t'ai écrit des lettres.

Quand mes émotions formaient un labyrinthe,
Quand mes sentiments ne voulaient plus se démêler,
J'ai écrit un livre.

J'ai accumulé les pages, j'ai entassé les mots,
Pour dire le vide,
Pour raconter le trop.

J'ai utilisé mes rimes,
J'ai joué avec la ponctuation,
Pour partager mes blessures,
Pour faire taire mes démons.

J'ai écrit,
Tentant d'embellir mes fêlures,
D'immortaliser mes émotions.

J'ai écrit,
Pour eux, mais surtout pour moi.
Pour aujourd'hui, mais surtout pour demain.

Chapitre 25 : Point final

Grand corps malade : « *Et tout le monde crie bien fort qu'un handicapé est d'abord un être humain. Alors pourquoi tant d'embarras face à un mec en fauteuil roulant ? Ou face à une aveugle, vas-y tu peux leur parler normalement. C'est pas contagieux pourtant avant de refaire mes premiers pas, certains savent comme moi qu'y a des regards qu'on oublie pas.* »

Je crois que mon récit touche à sa fin. Croyez-moi, j'ai parlé à cœur ouvert, sans artifice. Et je pense que tu l'as compris, mais je ne suis pas très stable comme fille. J'oscille souvent, entre rires et larmes, et même ma démarche est brinquebalante, c'est pour te dire. Pourtant moi ça me plaît, de marcher sur un fil, de tomber, et surtout, de retourner au combat par la suite. « *Tomber retomber, mais toujours se relever.* » a chanté Slimane. Je crois qu'en six mots, il a résumé mon existence.
Malgré tout, je me sens entière, en paix avec moi-même. Je suis complète, malgré ces manques qui m'ont fait courber le dos tout au long de ma vie, malgré cette agénésie qui m'a fait imploser trop de fois.

Qu'on soit aveugle, handicapé physique ou sourd, l'important reste de vivre. C'est une lutte qui en vaut la peine, une belle lutte même. On a beau se prendre des droites dans le cœur, des revers en pleine figure, la vie n'en perd pas de sa beauté. Je pense qu'il faut broyer du noir pour pouvoir apprécier la lumière à sa juste valeur.

Pourtant, j'aimerais que notre combat perpétuel cesse d'exister. J'aimerais que nos combats administratifs, nos luttes pour de simples déplacements, nos guerres contre l'incompréhension générale cessent. Parce qu'il y a des jours où c'est à se demander si ce n'est pas la société qui est handicapée. Quoi qu'il en soit, elle est handicapante, parfois plus que le handicap lui-même.

Ce que je veux te dire c'est que l'orage ne gronde pas éternellement, qu'un soupçon de volonté peut parfois suffire pour attraper le bonheur qui nous manque. Le malheur n'est pas une fatalité ni un fait irrévocable, crois-moi sur paroles.

Je suis partie de bien bas, je suis née dans les larmes de mes proches, noyée dans la crainte de l'avenir. On m'a dit que je ne marcherai jamais, que les chutes seraient mortelles. Et aujourd'hui, je suis là, équipée de prothèses perfectionnées, à essayer de suivre la cadence des autres. Aujourd'hui, j'ai plus ou moins appris à supporter les regards des autres qui n'y comprennent rien. J'ai appris à répondre aux questions indiscrètes qui me déstabilisaient autrefois. J'ai appris à faire face aux souvenirs de leurs mots.

Le handicap, c'est le poids qui m'attire vers les profondeurs et l'élan qui m'a poussé à me dépasser dans ces eaux houleuses. Le handicap, c'est la prison qui me hurle que je ne sortirai pas, que je n'irai pas voir mes amies, que je suis assez fatiguée, que je souffre assez comme ça. Le handicap, c'est une plaie qui ne cicatrisera jamais, un mauvais rêve, un enfer qui peut devenir paradis si je décide de me battre.

Vous l'aurez compris, le handicap et moi, c'est les montagnes russes, et parfois le manège déraille et des sanglots s'échappent. Le handicap et moi, c'est une relation chaotique, mêlant envie de vivre au mieux et volonté que tout s'arrête pour me laisser respirer un peu. C'est une relation exclusive, que je suis la seule à pouvoir comprendre, la seule pouvant la haïr et l'aimer si fort.

Alors aujourd'hui, handicap, j'aimerais te dire les choses sans les sublimer. Je ne cesserai jamais de te haïr, pour ce que tu m'as volé, pour ces soirées que tu as ruinées, pour ces douleurs meurtrières que tu m'as infligées, pour ces larmes que tu as fait couler. Mais je ne cesserai jamais de t'aimer, pour ce que tu m'as offert, pour ces opportunités, pour ces éclats de rire, pour ces rencontres qui m'ont sauvée, pour ces victoires qui m'ont permis d'embrasser mes rêves.

On me demande souvent ce que ça fait, de ne pas avoir de jambes. La vérité, c'est que je ne sais jamais quoi répondre. Qu'est-ce que ça fait d'avoir des jambes, d'ailleurs ? Est-ce que ça épuise, de monter quelques marches sans être handicapé ? Je ne pense pas. Et elle est là, toute la différence. Porter ces prothèses, je dirais que c'est comme de porter un plâtre en permanence, un plâtre qui ne répare rien, qui nous aide seulement à tenir debout. Et c'est déjà mieux que rien.

Alors non, bien entendu, ce n'est pas simple, loin de là. Pour être franche, plus d'une fois j'ai eu envie de hurler au monde entier que je n'avais plus la force de me battre, que ça allait trop vite pour moi. Plus d'une fois, j'ai voulu rester dans mon lit à sangloter ma peine que personne ne semblait comprendre. Plus d'une fois, les douleurs physiques m'ont semblé insoutenables. Pourtant, je me suis accrochée, du bout de l'ongle parfois, sans trop y croire. Mais j'ai tenu. Parce que le bonheur était mon plus grand objectif, pour leur prouver que le handicap n'est pas un obstacle. Parce que je suis vivante et que mon existence reste malgré tout un cadeau exceptionnel.

Tu as dû le comprendre durant ta lecture, mais j'aimerais que le handicap ne soit plus un sujet tabou. Comme l'a dit Grand corps malade, on trouve toujours des espoirs adaptés. Après tout, on patauge tous dans la boue, que ce soit avec notre fauteuil roulant usé ou nos deux jambes normalement constituées. Alors je pense qu'il faut arrêter de parler de différence, nous sommes des hommes avant toutes choses. Des hommes à la recherche perpétuelle du bonheur.

Fin.

Il y a encore tant d'autres chapitres à rédiger,
Tant de personnes à aimer,
Tant de chutes à éviter,
Tant de larmes à déverser,
Tant d'espoir à partager,
Tant de luttes à mener,
Tant de rêves à réaliser.

Aujourd'hui,
Demain,
Et tous les autres jours,
Il y a encore tant à vivre.

Remerciements :

Je tiens à remercier les membres de ma famille, qui par leurs lectures émues, m'ont donné l'envie d'approfondir cette autobiographie pendant de longues années. Leurs mots m'ont donné la force et le courage de publier ce livre.

Je tiens tout particulièrement à remercier mon frère et Alice, pour leurs précieuses aides en termes de relecture. Un merci encore plus grand à Alice, qui a donné un visuel et une âme à ce livre. Je ne pouvais rêver meilleur soutien pendant cette belle aventure.

Merci à ceux qui me lisent depuis des années sur les réseaux sociaux, merci pour votre soutien qui m'a toujours donné envie d'écrire. Un immense merci à Clémance, qui m'a aidée à finaliser ce livre, et qui a toujours été présente. Merci d'être toi, et de me soutenir autant, depuis si longtemps.

Merci à tous ceux qui sont cités dans ces lignes, et aux autres qui m'ont inspiré tous ces chapitres. Merci à mes amies, à mes entraîneurs, à ces rencontres qu'on n'oublie pas.

Et pour finir, merci à toi cher lecteur, de m'avoir lue jusqu'ici. J'espère t'avoir touché, ne serait-ce qu'un peu. Et j'espère t'avoir aidé à connaître un peu plus ce beau monde qu'est le handicap.